マインド・ザ・ギャップ！
日本とイギリスの〈すきま〉

コリン・ジョイス Colin Joyce

鍛原多恵子［訳］ Kajihara Taeko

NHK出版新書

542

まえがき

数年前、ぼくはちょっとした試練を与えられた。「日本とイギリスについて毎月コラムを書いていただけませんか?」

ぼくが心配したのは「日本とイギリス」の「と」の部分だった。

もちろん、ジャーナリストとして東京に駐在していたとき、日本について記事を書いた経験はある。故郷のイギリスに戻ってからはイギリスについて書いた。イギリスに戻る前にニューヨークに三年間住んだときには、ニューヨークについて書いている。この三つのケースはどれも難しさはあったとはいえ、仕事の趣旨は基本的にはっきりしていた。だが日本「と」イギリスの両方についてコラムを書くことについては確信が持てなかった。

それでも、やってみようと決心した。本書は、ぼくが及ばずながらこのテーマに挑戦した成果をまとめたものだ。ＮＨＫ「ラジオ英会話」のテキスト用に三年にわたって書いたコラムをいくつか選んで、その一部を改稿または加筆した。幸いにも、編集者は日本とイギリスにかんするコラムの内容についてあまり窮屈なことを言わなかった。

ぼくはときにはイギリス人の視点から日本について書いた。日本人が興味を持ちそうなイギリスの話題について書いたこともある。テキストの読者は英語学習に励んでいる方々なので言語についても何度か書いた。ぼくが面白いと思う英語の側面やぼくが日本語を学んだ経験をご紹介した。

どんなことを考えているか、どんなことをしているかなど、自分自身について書いたこともある。ぼくはイギリス人だが日本に影響を受けてもいるので、ぼく自身がこのテーマに沿った見本のようなものだというのがぼくの言い訳だ。

編集者の意向にしたがって、機会をとらえて（可能なかぎり）日本とイギリスの「比較」を試みた。いまになって思い返すと、三年のあいだに「チョークとチーズ」という言葉を何度か使っているのに気づく。どこか釈然としなかったのだろう。

テキストにコラムを書くにあたっては、過去に取り上げたテーマやエピソードをふたたび話題にすることもあった。だから本書にはわずかながらほかの本と重複する部分がある。ひと言お断りするとともに、それに気づくほど熱心な読者のすばらしい記憶力に敬意を表する。

日英両国の人と文化の決定的なちがいを指摘し、重要な類似点を解明することに成功したかはわからない。いや、じつはそれが真の目的というわけでもなかった。コラムは比較文化学の論文や堅苦しいテーマにかんするぼくの生真面目な意見のつもりで書いたわけでもない。もちろん、何らかの洞察があればうれしいし、読者のみなさんがイギリスをより良く理解し、日本を新たな目で見るようになる一助になればと願っている。とはいえ、基本的には知的なことを述べるというより、楽しんでいただけることを念頭に置いた。

宮川礼之氏は、熱心で忍耐強い編集者でコラムの大半を担当してくれた（日本とイギリスについて書くという「試練」を与えてくれた人物でもある）。ぼくはこのコラムのシリーズに「ジャパングロフィリア（Japanglophilia）」というタイトルをつけた。この言葉は実際には存在しないし、ぼく以外にその意味を知る人がいないという「小さな？」問題があることを除けば、とても気のきいたタイトルだし、ぼくがこれまで考えついた中で最高のタイトルだと思う。

シリーズの後半には鈴木渡氏がコラムの担当になり、ぼくのぎこちない英語に手を入れたり、文の重複について指摘してくれたりした。そして、文が重複していたときに指摘してくれた（おっと、またやってしまった）。

鍛原多恵子氏は機転のきく翻訳者だった。「うん、それはぼくが書いたこととの完璧に正確な訳なんだけど、ぼくが『考えている』こととはニュアンスがちょっとちがっていてね」。そんなメールを何度か書いたことを彼女にお詫《わ》びしたい。ぼくは、彼女がぼくの心まで読めるとでも思っていたのだろうか。

親友のジュリー・スラントが、二〇一七年一〇月二〇日に亡くなった。もし彼女の思いやり、人生に対する愛情、知恵の半分でもぼくにあったら、この本はもっとすばらしいものになっただろう。もし彼女という友人を得ることがなかったら、ぼくの人生とこの本はもっとつまらないものになっていたはずだ。

この本にかかわった方々の誠実な仕事ぶりに感謝したい。もし誤り、内容の重複、笑えない冗談などが残っていたら、それはすべてぼくの責任だ。

マインド・ザ・ギャップ！ 日本とイギリスの〈すきま〉 目次

めったにない状況を指す言葉

Words for Obscure Situations

新しい言葉を作るのが好きだ。たいてい意図的にするのだが、たまたまそうなることもある。

ときには、実際にある言葉からありもしない言葉をつくってしまうこともある。たとえば、「変わった考えを擁護する人」を意味する「apologist」という言葉がある。ぼくはこの言葉の形容詞に「apologistic」があってもおかしくないと思った。でも、どうやらそんな言葉はないようだ。

小難しい言葉を使おうとして用法を間違えることもたまにある。ラテン語が語源の「lachrymose」は、「涙ぐんだ」または「涙もろい」という意味の形容詞だ。ところが、ぼくは「lachrymonious」と言ってしまった。痛烈で辛辣な言い争いを指して使う「acrimonious」という形容詞と混同してしまったらしい。ならば、いっそのこと「lachrymonious」を新しい言葉にしようと決めた。「lachrymonious」な人とは、「議論中に涙を武器にする人」を意味する。

ときおり、我ながらじつにいい表現を思いつくことがある。先日、あるものが「new and unique（新しくて独特だ）」と友人に話していて、ふと思いついてこう付け加えた。「いわば、『newnique』だね」。

ぼくは日本で長く暮らし、いまはイギリスに住んでいる。一種の「Japanified（日本人化した）」イギリス人だ（これも造語だ！）。そんなわけで、ぼくはごく少数の人しか経験しないような状況に陥ることがあり、当然ながらそういう珍しい状況を指す言葉がいつもあるとはかぎらない。

こうして、最近この穴を埋めるべく新語をつくろうとしている。どれほどこの試みに成功したかはわからない。なかにはあまり自信がないものもある。それでも、気にしないでいくつかご紹介しよう。

はじめて会う人と握手するときには、ぼくは少々神経質になり、無意識に少しお辞儀するような仕草《しぐさ》をする。イギリス人はそういう場面では頭を下げないが、やはり日本に住んでいた古い友人もぼくと同じように少し頭を下げることに気づいた。ぼくはこの仕草を「bow-handing（お辞儀握手）」と呼ぶことにした（この表現は、政治家が人気取りで誰かれかまわず握手することを意味する「glad-handing」にちなむ）。

ぼくは一日に五回ほどお茶を飲む。日本の緑茶も好きだが、やはりイギリスの紅茶がいい。キッチンにはどちらも十分に備えてあるが、お茶をいれようとキッチンに立つと、なぜかいつもイギリスの紅茶を飲みたいという気持ちがわずかながら勝つ。こうしてただ「何を飲みたいか」と考えると、五回のうち五回ともイギリスのお茶をいれることになるのだ。だが、いつも立ち止まってこう考える。「ときには緑茶を飲むのもいいんじゃないか……緑茶を飲むとかならずおいしいと思うし……日本の緑茶はイギリスの紅茶より健康的だし……」。でも、そのそばからこうも思う。「やっぱりいま飲みたいのはイギリスの紅茶だ」と。こうして、何分かどっちつかずの状況になる。これを「hesiteation（お茶の迷い）」と呼ぶことにした。

日本ではしょっちゅう頭を戸口にぶつける。ぼくはやや長身なので日本の戸口は低すぎる。日本からイギリスに戻ると、最初の数週間は戸口を通るときに無意識に体をかがめている自分に気づく。イギリスの戸口は十分な高さがあるにもかかわらず、だ。これを「redunducking（不要な前かがみ）」（「冗長」あるいは「不要」を意味する「redundant」と、前かがみを意味する「ducking」からだ）と呼ぶことにしよう。

日本では靴を脱ぐ場面が多い（家や更衣室に入るときなど）。でもイギリスではふつうそんなに靴は脱がない。ぼくはときどき混乱することがある。たとえば、日本でジムのロッカーから靴を出すと、出口まで持っていって履くのではなく、すぐに履いてしまうことがある（ジムに入るときには段差、注意書き、靴べらなどが目につくので気づく）。反対にイギリスでは、ジムでストレッチしようとマットを使うときに自然とスニーカーを脱ぐので、ほかの人がそうしないのに気づくとあまりいい気はしない。これは「confu-shoe-sion（靴の混乱）」と呼ぼう。

イギリスでは、食事についてくるパンはメインディッシュの向こう側に置かれる。日本ではライスが手前に置かれ、ほかの料理はそのまわりに置かれる。ぼくや日本に住む欧米人の大半は自動的に大皿の魚料理を中央に置きなおし、ライスをその向こう側に置く。これは「rear-ricing（ライスの後方置き）」でどうだろう。

ぼくは日本もイギリスも好きだ。それでも、生涯ずっと日本に住みつづけたいとは思わないし（イギリスが恋しくなる）、イギリスを心底誇りに思っているわけでもない（失望もあれば苛立《いらだ》ちもある）。どちらの国も自分の人生の一部だし、作家としての興味はイギリスと日本のちがいや共通性であることが多い。だからぼくは完全な「日本びいき（Japanophile）」

でも「イギリスびいき（Anglophile）」でもなく、その両方を組み合わせた「Japanglophile」なのだ。この本は「Japanglophilia」の視点から書いた。楽しんでいただければ幸いだ。

Mind the Gap(s)

文化の差にご注意を

「人間ウォッチング」はお金のかからない最上の楽しみだ。ぼくは人を観察して、人それぞれの癖や多くの国に共通の習慣を見つけるのが好きだ。

日本で暮らした長いあいだに、ぼくはこの国の人びとに特有の行動を知ろうとした。だが自分が日本に慣れていったので、当初変わっていると思った行動もふつうに思えるようになっていった。つまり、そういう行動に気づかなくなった。日本を離れて今度はアメリカ人やイギリス人を観察するようになると、日本人に特有の行動がはっきり見えてきた。

たとえば、日本人はとても時間に正確だ。パーティーが八時に始まるとすると、みなその時間にその場に集まる。ニューヨークに住んでいたとき、あるパーティーに二〇分遅れたと思っていたら、ぼくが最初の客で、パーティーを主催している家の女主人はまだ準備に忙しくしていた。ぼくはその女性とはほぼ初対面だったので、とてもばつの悪い思いをした。彼女の親友たちが約一五分後に集まりはじめ、ほかの客はさらに三〇分後にやって来た。アメリカやイギリスで個人の家のパーティーに呼ばれたときには、とくに頼まれないかぎり時間通りに姿を現すのはじつはマナー違反なのだ。

東京で暮らしていたとき、女性がハンドバッグを肘《ひじ》にかけているのをよく見かけた。また、かかとを引きずるような音を立てて歩く男性がときどきいた。若い男性の中には、鍵を何本もズボンのベルトループにつけて、じゃらじゃら音をさせている人がいた（鍵をじゃらじゃらいわせる男性は、かかとを引きずることも多かった）。

すべての日本人が同じ習慣を持つと言っているわけではない。それに、これらの行動をほかの国では見なかったと言っているわけでもない。ただ日本でよく見かけたし、ぼくの中で日本と結びついた行動があるというだけのことだ。

日本人女性が「少し酒に酔ったので部屋を片づけた」と言うのを何度か聞いたことがある。これを聞いて面白いと思ったのは、イギリス人なら酔っぱらったら部屋中を散らかすだろうと思うからだ。空のビール瓶をその辺に転がし、ポテトチップスの食べかすを所かまわず落とし、炒め物をした油まみれの鍋を台所に放置する。ぼくの考えでは、日本人は片づけ好きなだけでなく、片づけを一種のストレス発散法と考えているようだ。つまり、彼らが飲みすぎる理由は、片づけはじめる理由でもあるのだ。

ぼくは小銭をたくさん持ち歩くのが嫌いなので、店ではできるだけ硬貨を使おうとする。これは日本の店員にはかならず理解してもらえる。たとえば、買い物をしたときの合計金額が三八〇三円だとすると四三〇三円払う。すると店員はお釣りに五〇〇〇円硬貨を一枚くれる。しかしイギリスやアメリカでは、これでは混乱が生じることがある。四ポンド九ペンス支払うときに五ポンド一〇ペンス出すと、店員は「余分な」一〇ペンスを返してから、九一ペンスのお釣りを渡そうとする（硬貨が少なくとも四枚増える）。

驚くことに、日本では少し前まで自転車が歩道を走ってもいいことになっていたので、いまだに多くの人がそうする。日本で自転車に乗る人が多いのは、これが理由の一つかもしれない。イギリスでは、自転車はほぼ若者のもので、通勤かレジャーが目的で、店に行ったり街中を走ったりするものではない。イギリスで自転車に乗る人は、ほぼ例外なく前と後ろにライトをつけてヘルメットをかぶる。日本人はそこまでしない人が多い。おおかたの日本人は自転車ではゆっくり走る。だがとても驚くのは、自転車を止めるときにブレーキをかけずに飛び降りる年配の女性がいることだ。

日本では自転車をスタンドでとめておくが、イギリスの自転車にはそもそもスタンドがついていない。日本人がスタンドを使って自転車をきれいに横に並べてとめておくのに対して、イギリス人は自転車を壁、柵、ほかの自転車などに寄りかからせるのだ。

だが自転車を取りに戻ったとき、日本人はまわりを確かめないで自転車を後ろに出すので、たまたま通りかかった人の進路をふさぐ格好になる。ぼくは日本では後ろに下がってくる自転車を一か月に何度もよける羽目になったが、イギリスでそういう経験をしたことは一度もない。

こんなことを言うのは変かとも思うが、日本のツアーバスにはカラオケ設備があるのにトイレがない場合がある。最初に経験したときには驚いた。「日本人は、トイレに行きたいという気持ちより歌いたいという気持ちのほうが強いんだ」と、ぼくは冗談めかして友人に言ったものだ。

銭湯（公衆浴場）のマナーは独特だが、いったんそういうものだと知るとなるほどと思う。面白いのは、赤の他人どうしでも銭湯では互いに丸裸のまま言葉を交わすのがふつうだという点だ。欧米人はもっと上品ぶるだろう。サウナや更衣室では目を合わせないようにするし、会話することもまずない。

日本人男性はぼくたちとヒゲの剃り方がちがう。彼らは同じ場所にカミソリの刃をあてて何度も上下させてヒゲを「ジョリジョリ」剃り、額やこめかみまで剃る（そこまで剃ることはないだろう)。イギリスでは、カミソリをかならず下向きに長く動かしてヒゲを「なめらかに」剃るように教えられる。

Jリーグはぼくにはとても面白い。ファンは自分がひいきするチームを常に応援し、一般に相手チームの選手に対しても礼儀正しい。イギリスでは、サッカーファンは相手チームの選手に侮辱的な言葉を大声で浴びせ、無作法な仕草をする。ひいきのチームの選手でも、きちんとプレーしなかったりミスを犯したりするとブーイングするし文句も言う。ぼくは日本のサッカーが好きだが、ときどき混乱する。あるときぼくは、注意が散漫になっていたらしく、ひいきのチームがペナルティーキックを獲得したのを見逃したことがある。ファンは切れ目なく大声で応援していたので、劇的な瞬間に盛り上がる「クレッシェンド」というものがなかったのだ。

日本企業のオフィスは整理整頓が行き届いていない。机や小部屋に書類や本が積み上げられていることが多いので驚く。コンピューターを置く場所もないほど散らかった机を見たこともある。

オフィスで働く日本の女性はひざの上に小さな毛布をかけていることがあるが、イギリスでは見たことがない。日本人が「ひざ掛け」と呼ぶものを指す英語がないのはたぶんそのせいだろう。日本の女性は寒さに弱いように思える（だから電車の中はあんなに暑いのだろうか）。

日本の女性はとても繊細な嗅覚を持っているのだろうと思う。ときどき電車で鼻にハンカチをあてた女性を見かけるからだ。ところで、日本で電車に乗っているとき、日本人は感じていないのではないかと思うかすかな匂いがある。それは炊飯器から上がる蒸気の匂いだ。

また日本人の中には電車で立っているときにつり革に手をかけない人がいることにも気づいた。電車は混んでいるし、速く走っているのにもかかわらず、だ。つり革にバイ菌がいっぱいついていると考えているためだと知ったのは数年後のことだった。電車の中で人がよろけて倒れ込んでくるのはロンドンより東京のことが多い気がする。

パーティーしようよ、ジャパン！

Party on, Japan!

ときどき、イギリスに桜の木はあるかと日本人に尋ねられることがある。じつを言うと、まだ少年のころ、ぼくの家の庭には一本の桜の木があった。ある日、その木がとてもきれいなので、母にこれは何かと聞いたのをはっきり覚えている。母は新しい言葉——blossom（花）——を教えてくれて、「春になるとこんな花が咲くのよ」と言った。そのとき、春は数か月続くのだから、花も二か月以上咲いているのだろうと思った。ところが、ある日庭に行ってみると花はもう終わっていた。あまりに短い命だった。

ぼくがこの木をよく覚えているのは、その木に登っていたときにハチに刺されたからでもある。ハチに刺されたのは後にも先にもそのとき一度きりだ。一方でその木の下でピクニックをしたことはないし、その木の下にすわったことすらない。あの家でずいぶん長く暮らしたのに、あの木の花の写真を撮ったことはない気がする。日本で暮らして何度も花見の季節を楽しむと、あの桜の木をもっと楽しまなかったのが悔やまれる。

そこで、イギリスよりも日本のほうが良いものについて考えてみた。もちろん桜の花見はその代表格だ。天気さえよければ、イギリスでも楽しいピクニックをすることはできる（ときには寒い日でも）。それでも、日本の桜の花がかもしだす全国的な祝いムードに勝るものはない。あの短い期間には心臓がいつもより速く鼓動を打つような特別なものがある。ある年、ぼくは週末に雨が降りませんようにと祈ったのを記憶している。その週末がぼくがその年の桜を見られる唯一のチャンスだったからだ。一方イギリスでは、ピクニックの日に天気がよければいいなとは思うかもしれないが、もし雨が降ってもまた別の日に行けるとも思う。

でも日本での楽しい食の経験は、花見ではなく温かくてくつろげる鍋パーティーだった。ぼくが日本からイギリスに持ち帰った唯一の電気製品は電気鍋だ。鍋パーティーのいいところは、全員で準備し、その準備がパーティーの一部でもある点だと思う。みなで鍋を囲んで材料を切っては鍋に放り込む。イギリスのパーティーでは、ほぼすべての準備は客が来る前に終わっている。それはずいぶん大変な作業だろう。方々のパーティーで主催者が料理は足りているか、みな楽しんでいるかと気ばかり遣っていたのを覚えている。鍋パーティーのほうがもっと仲間どうしだという感じがしてストレスにならないとぼくは思う。それに重要なのは、ぼくのように料理下手な人間にとって、鍋料理なら材料さえ新鮮ならおいしくないわけがないということだ。さほど腕が良くなくても鍋料理はおいしいものだ。

ぼくの友人にやはり日本で暮らした経験のある人がいて、彼のある冗談にぼくはいつも楽しい思いをする。ロンドンで会って一緒に酒や夕食を楽しむと、ぼくたちたった二人ででも最後に「ハイッ」と言って立ち上がって拍手するのだ。それは日本人が拍手してパーティーをお開きにする手締めの真似だ。ぼくたちは二人とも、最初はこの日本の習慣をちょっと奇妙に感じたものだった。とくにそのあともパーティーはしばらく続くし、少なくとも一部の人は二次会に行くのだから。それでもぼくたちはこの習慣にしだいに慣れていき、ぼくはいまでは全員がしていることを止めてみんな一体となって何かをするのは、別れる前にその瞬間を記憶にとどめるいい習慣だと思うようになった。それはイギリスでたいていのパーティーが終わるときよりいくらか陽気だ。イギリスでは何度か別れを言ってからまわりを見渡すと、たくさんの人がいなくなって部屋が半分空っぽになっているのに気づく。

日本の風物でもう一つとても懐かしく思うのは、たくさんの無料の催し物だ。夏の花火大会はとくにすばらしい。ぼくは東京湾の花火が好きだったが、逗子《ずし》の浜辺で見たのが楽しかったことも記憶にある。イギリスでは花火大会は一一月に催される。弱々しい花火がひょろひょろと上がってやかましくはじけるのを見ながら、寒さに震えてどこか建物の中に入りたいと思ったものだ。

ぼくは池上本門寺で行われるお会式《えしき》が大好きだ。太鼓を叩いたり笛を吹いたりしながらの華やかな行列が数時間も続く。だが参加した祭りでいちばん記憶に残るのは阿波踊りだ(三回行ったが、まったく飽きるということがない)。靖国神社では都内有数の祭りが催されるし、この神社はアクセスもいい。こうした大規模な祭りが非常に組織立っていて和やかでもあることにいつも感動する。

だがたまたま行き合ってとても楽しんだ祭りもある。老いも若きも色とりどりの着物を着て、踊ったり、歌ったり、飲んだり、食べたりする、地域に根づいた小規模な催し物だ。ぼくはときにはその場に一人ですわり、まだ日本に息づいている地域社会の連帯感を楽しむのだった。

いろいろ考え合わせてみると、日本はいい時間を過ごすのにもってこいの場所だ。

The Treasures of British Cuisine

イギリス料理の宝

イギリス料理は評判が悪い。日本にいたときも散々そう聞かされた。もちろん、日本料理は世界的に高く評価されているので、多くの外国人は日本の食べ物も楽しみに日本を訪れるのだろう。だからぼくが前回日本に行ったとき、スーツケースにイギリスの食品をあれこれ詰めて行ったのも少々皮肉な話だ。その中には友人や同僚へのみやげもあったが、自分で食べる分もあった。

そう、ぼくはイギリスの食べ物が好きだ。手に入らないととても食べたくなるし、これまで食べる機会がなかった人とも分かち合いたいと思う。イギリスのおいしいものをすべて紹介するわけにもいかないが、いくつかお勧めがある。

友人たちへのみやげには、ぼくはホブノブ・ビスケットを選んだ。オートミールに濃厚なチョコレートをかけたとても贅沢なビスケットだ。「あとを引く」（食べる手が止まらない）ことで有名なので、友人には一度に二枚までにするようにと注意する。イギリスにはビスケットというものの伝統がある。お茶と一緒に楽しむことが多く、ビスケットの種類もいろいろだ。ぼくのいちばんの好みは素朴なダイジェスティブ・ビスケットだが、ブルボン・ビスケット（チョコレートをはさんだ安価なビスケット）やショートブレッドを好む人もいる。スポンジにオレンジゼリーをのせてチョコレートをかけたジャファケーキも人気がある。

自分用には、朝食に欠かせないオートミールを持っていった。ぼくはオートミールほど完璧な食べ物はないと思う。安くて、手間いらずで、栄養豊富で、おいしい。消化にもいい。朝にはほとんど食欲がないこともあるぼくにぴったりだ。ぼくはバナナ、牛乳少々、そして食感を楽しむために何かの種子を入れる。

マーマレードはスコットランドが発祥の地だが、イギリス全土でよく食べられる。誰かにあげようと二瓶持っていったものの、結局一瓶は自分で食べた。ぼくの好みは、オレンジピールの入った「ラフカット」のマーマレード。サワーオレンジを使ったものも大好きで、このオレンジのほのかな苦みは甘さとよくマッチしている。最近、ウィスキーの入ったマーマレードを試したところ（ウィスキーは好まないのだが）、少々変わった味だった。

香辛料はほんの少しで食事がぐっと引き立つので、持っていくと重宝する。サーソン・モルトビネガーは、イギリスならまずどの家庭にも常備してあるだろう。豊かな麦芽の風味があり、ぼくは温かい料理にかけたときに立ち上る香りが好きだ。とくにチップスとの相性が良く、脂っこい料理（魚やチキンのフライなど）なら間違いなく合う。

ぼくは瓶入りのブランストン・ピクルスも持っていった。ピクルスや生の野菜を刻んで、甘酸っぱい調味液につけ込んだものだ。サンドウィッチなどに入れると風味が増す。チーズやハムとよく合い、とくにマイルドなチーズに向く。

イギリスを長く離れていると、極上の熟成チェダーが食べたくなる。イギリスでは熟成チェダーはさほど高くないが、日本で見つけたいちばん良いチェダーは熟成させていない上に値も張った。ベーコンラッシャーも懐かしくなる味の一つで、なぜかイギリスのもののほうが味がいい。

イギリスの紅茶も友人と自分用に持っていく。いまはまっているのは、ウェイトローズというスーパーマーケットが自社ブランドとして出しているアッサムティー。この紅茶はいつでもしっかりした味が出る。一日の始まりに一杯のおいしいアッサムティーさえあれば、ぼくはアールグレイやダージリンなどの高級紅茶がなくても生きていける。

イギリスのビールは、ほかの国のビールとはちがう。万人向けではない。日本の友人には泡がないのを嫌う人もいるし（イギリスのビールにはたいてい炭酸が入っていない）、アメ

日本に運ぶ荷物

リカ人には「ぬるい」とこぼす人がいる（イギリスのビールはセラーの温度が最適で、冷やしすぎてはいけない）。でもイギリスには、歴史的なビールがたくさんあり、食事と一緒でもそれだけでも楽しめる。イギリスを離れていると無性に飲みたくなるのが、オールド・スペックルド・ヘン。極上の味わいを楽しめるビールで、なめらかで苦みがきいている。

残念なことに、スーツケースに瓶ビールを入れて運ぶのは問題外だ。瓶は重いし、割れる。それに、一、二本持っていったところですぐに飲み終えてしまう。それよりも、有名な夏向きのピムス・ナンバーワン、スパイシーでさわやかなストーンズ・ジンジャーワイン、甘くて豊潤なヴィンテージ・ポートなどを持っていこう。これらの酒はどれもイギリス人の発明だ（ポートワインはポルトガルで醸造されている)。

クリスマス前後にイギリスを離れるときには、かならずクリスマスプディングを荷物に入れる。濃厚でスパイシーなイギリス伝統のデザートだ。少々重くても、ほんの少しで満足するので運びがいがある。一個あれば六人分にもなる。

イギリスの食べ物はまずいと言われても、ぼくはあまり腹は立たない。というより、もっとイギリスの食べ物を知ってほしいと思う。

日本にまつわる一〇の神話

Ten Japanese Myths

どの国の人にも、とっぴな思い込みがあるらしい。イギリス人は自分の国の天候はひどいと考えているが、じつはイギリスの冬はさほど寒くない上に夏はすばらしい。アメリカ人（少なくとも一部）は、民主主義を発明したのは自分たちだと思っている。日本人も自国についてかなり勘違いが多く、ぼくはそれを聞くたびに困惑したり、面白がったり、不満に思ったりする。

日本は小さな国だ

この言葉は何度も聞いた。ある外国人記者が、日本人男性に「あなたは小国が専門ですね」と言われたエピソードを何かに書いていた。それまでの彼の赴任先がベルギー、シンガポール、日本だったからだ。だが日本は残りの二か国よりかなり大きいし、「小国」というのはアメリカや中国との比較だ。日本は小さな国だと言う人がいたら、ぼくはたいていこう答える。「そうですね。イギリスのたった二倍ですもんね！」。そう聞くと日本人は驚くことが多い。本当のところは、こう言うのが正しいんじゃないだろうか。日本は中くらいの大きさの国だ。

日本には四季がある

日本を訪れる外国人は、ほぼ例外なくこう言われて返答に困る。日本に行ったばかりのころ、ぼくはこれは冗談だろうと思ったものだったが、オチがあったためしがない（ぼく自身は、どの国にも四季があるという誤った思い込みをしていた。一年を通してほとんど季節の変化のない場所があるなんて想像もできなかった）。日本人の多くは四季があるのは日本だけと思っているようだが、じつは四季があるのはごくふつうのことだ。日本で暮らしていたとき、ぼくは季節の移り変わりをはっきり感じたことすらなかった。ぼくが暮らしたほかの場所に比べると、東京はあまり樹木などがなく、自然の変化が目につかなかった。夏はたしかに暑いとはいえ、それ以外の季節は気温変化が少ない。つまりこうだ。ほかの多くの場所と同じように、日本には四季がある。

日本には四季がある

すでに同じことを言ったのはわかっている。だがこの言葉が変に聞こえる理由がもう一つある。日本には雨期（梅雨）があるではないか。ぼくがこう言うと、日本人は笑って答える。それは「夏の一部だ」、と。ぼくが思うに、梅雨はその前後の時期と天候がかなり（劇的なほど）ちがうし、数週間も続く。それはもう一種の季節だ。だからこうしよう。日本にはおもに四つの季節がある。

日本は人口過密だ

日本は多くの外国に比べて人口密度が低い。日本がオランダ（まったく人口過密とは思えない）より人口密度が低いのは一般に明らかだ。興味深いことに、日本はぼくの故郷イングランド（イギリス全体ではなく）より人混みが少ないし、イングランドはまだ人口が急速に増加中だ。つまりこうだ。大多数の人が大都市とその周辺に集中しているため、日本は人口過密に見える。

国土が山がちで山には人が住めないので、日本は人口過密だ

たしかに日本は山国だ。日本の上空を飛ぶと、森に覆われた山間部の広さに驚かされる。でもぼくは、人が山で暮らせないとは思わない。たとえば、イタリア人は山岳地帯で暮らしている。もちろん高山の頂上というわけではないにしても。また日本にはかなり広い田園地帯もあるが、人びとはさまざまな文化や経済上の理由でそこでは暮らしたがらない。つまりこうだ。人が他国では見られないほどそこに集中するため、日本の都市は人口過密だ。

日本とイギリスは似ている

日本とイギリスが姉妹のような国だと聞くと、ぼくはまんざらでもない。どちらもぼくにとって大切な国だからだ（「ジャパングロフィリア」という言葉をつくったのもそういうわけだ）。けれども、イギリス人でそう考える人は多くないだろう。たしかに、どちらも島国で、立憲君主制で、大陸からやや孤立していて、人びとは礼儀正しい（建前上は）……。でも、これでは結論ありきだ。ぼくなら日本人とイギリス人の大きなちがいをいくつでも答えられる。イギリス人とドイツ人の共通点にしてもそうだ（サッカーとビールと肉料理が好きで、アングロサクソン系だ）。つまりこうだ。日本とイギリスには一見似たような点がいくつかある。

日本語は非常に難しい

母語を学ぶのがどれほど難しいかを知るのは簡単ではない。それは学ぶというより、幼いときに「自然に身につくもの」だからだ。日本人が日本語を難しいと考えるのは、たぶん次の三つの理由のせいだ。一、外国人で日本語を上手に話す人は少ない。二、日本語は難しいと言う外国人が多い。三、漢字の書き取りは日本人でも苦労するくらいとても難しい。しかし実際には、日本語はきわめて論理的だし（たとえば不規則な動詞はほとんどない）、発音も難しくはない。やさしい面もあれば（名詞の単複がない）、難しい面もある（書くことだけでなく）。ぼくも日本語は難しいと感じるが、それはおもにぼくの言語能力が低いからだ。だから結論はこうなるだろう。日本語は学ぶのが難しい場合もある。

日本には各地に方言がある

これは間違ってはいないが、「四季にかんする神話」と同じく、それは日本だけの話ではないし、とくに珍しくもない。スコットランド人はイングランド人と話し方が異なる。北東イングランドでは、ロンドンとはだいぶちがう話し方をする。もちろん、中国の方言にはほかの地方の人には理解できないものもある。だから中国語に比べたら、日本語も英語もとくに大きな地方差があるわけではない。ぼくは、日本人は各地の方言のちがいを誇張しすぎると思う。いくつかの独特な言い回しや語彙《ごい》を除けば、広島弁は関西弁にかなり似ている。ただし、青森弁は東京の標準語とは別物だ（ぼくには聞き取るのが難しい）。つまりこうだ。ほかの多くの国と同じく、日本語にも地方によって興味深いちがいがある。

日本は安全だ

これについては、ただこう言っておこう。イギリスには、火山も、地震も、津波も、台風もない。クマもいない（そのほかの危険な野生動物もいない）。ヘビはとても少なく、いたにしても毒を持つものはごく少なく、その毒も強くはない。イギリスで傘を盗まれたことはない。よって、イギリスは安全だ（と言えるだろうか）。

日本は物価が高い

こう言うのは日本人だけでなく、どうも一般常識として定着してしまっている。二〇年前ならそうだったと思うが、デフレで多くのものの値段は下がった。一方で諸外国（たとえばイギリス）では、ものの値段はずっと上がりつづけている。現在では、イギリスより日本のほうが安い（少なくとも同じ価格なら高品質の）ものが山ほどある。理髪店に行くのもごくふつうのホテルに泊まるのも日本のほうが安いが、スーパーマーケットのビールは日本のほうが高い。つまりこうだ。かつての日本は物価が高かった。

"Secrets" of the English

イギリス人の「秘密」

その国でしばらく暮らさなければ知ることもない事柄がある。観光客にはそこまで観察する機会がないし、熱心な学者でもそうした事柄はなかなか耳に入らない。先日、日本人がイギリスについて知らないことは何だろうと考えてみた。

イギリスで有名なテレビ番組と言えば『トップ・ギア』だ。当初は自動車を紹介するだけの番組だったが、だんだん贅沢で手の込んだものになり、トークと旅を交えた番組になった（テーマはやはり自動車）。この番組構成は世界中に広まり、ホストが二〇一五年に降板させられたときにはそのニュースが国中を駆けめぐった。

それでも『トップ・ギア』は、コメディ番組の『オンリー・フールズ・アンド・ホーセズ』（一九九一年に放送を終了したが、現在でも再放送で楽しめる）には遠くおよばない。イギリス人はいまだに、この番組のお気に入りの場面について語り合っている。屋台しかもたず、商売の知識も何もない哀れな二人の兄弟が、大金持ちになろうと夢を見る番組だ。

イギリス人はときどき人を「plonker」（遠回しに「idiot（間抜け）」を指す）と呼ぶ。この言葉が生まれたのはこのコメディ番組だった。

イギリス人は紅茶好きで知られるものの、イギリス人が飲む紅茶の九〇％以上は直接カップに入れて湯を注ぐティーバッグだ。茶葉とティーポットを用意することはめったにない。

いちばん有名な紅茶ブランドはＰＧティップスだ。このブランドが有名になったのは、「言葉を話すチンパンジー」が紅茶を飲むＣＭがとても人気になり、ずっと放映されてきたからだ（ぼくはこの紅茶は好きではないが、子どものころに見たＣＭは大好きだった）。

ワールドカップでイングランド代表チームの試合がある日には、ハーフタイムになると電気の使用量がいっぺんに跳ね上がる。テレビで試合を見ている何百万もの人が、お茶を飲もうといっせいに湯をわかしはじめるからだ。

男性が白い靴下をはくのはとても悪趣味と考えられている。白い靴下は何かと面倒を起こす下流階級の若者を連想させるからだ。

しかし最悪のファッションは靴下をはいて、つま先の開いたサンダルをはくことだ。ところが、大勢の中年のイギリス人男性がこれをやる。

イギリス人の多くが、自宅では皿に残ったグレービーソースや、デザートの器についたカスタードをなめる。幸いにも、レストランでそんな真似をする人は一人もいない。

イギリスでは、抗生剤の服用中に酒を飲むのはきわめて危険だと考えられている。生死にかかわる相互作用が起こるというのだが、実際はそうではない。医師が人びとにそう思い込ませておくのは、病人が酒を飲むなどけしからんと考えているからだ。

イギリス人は功績のあった動物に勲章をおくる。一九四三年に導入されたディッキン勲章は、過去に六九回おくられている。伝書バトが三二回、犬が三二回、馬が四回受章した。ぼくが好きなのはこの勲章を受章した唯一の猫サイモンだ。この猫は自分も重傷を負っていたにもかかわらず、破損した船上でネズミの蔓延《まんえん》を防いだ。

現代のイギリス人はほとんど傘を使わない。

イギリス人は、通勤電車に空いた席がなく立たなくてはいけないなんて許しがたいと思っている（ちなみに、電車賃はとても高いので乗客には電車で快適に移動する権利がある）。

イギリスでは地方によってさまざまななまりがある。バーミンガムなまりは何だか退屈しているように聞こえ、東ロンドンなまりはその人が信用ならないことを示すと考えられている。ヨークシャーなまりは一般に耳に心地良く、信用できそうな印象がある。西イングランドの人はほかの地方の人より少しゆっくりしゃべる。ニューカッスルなど北東イン

名誉あるディッキン勲章。受章したのは人ではなく、犬のほうです

グランドの方言は、「標準的な」英語といちばんちがって聞こえる。

　イングランド人は、スコットランドなまりを真似るのがとても下手だ。

　イギリス人はハリネズミが大好きだ。でもハリネズミはどんどん減る一方で、近いうちに絶滅するかもしれない。

　キタリスは、外来種のトウブハイイロリスの約二〇分の一の数になるまで減っている。大半のイギリス人は本物のキタリスを見たことはない。それでも、イギリス人にリスの絵を描いてと言ったら、まずキタリスを描くだろう。

　道路は途中で呼び名が変わることがあ

る。ぼくが住むコルチェスターでは、マグダレン・ストリートはバラック・ストリートになり、そのあと一・五キロほどハイス・ヒルになる部分がある。もっと頻繁に名前の変わる道路もある。

アカシア・アベニューは、イギリスでもっとも「平均的な」（つまり、郊外で中流階級の）道路名だ。

もっともポピュラーなジョークの設定の一つに、「イングランド人とスコットランド人とアイルランド人」が、ちょっとした難問に直面するというものがある。たいていイングランド人が分別臭くふるまい、スコットランド人はケチであることもそうでないこともあり、アイルランド人は何か間抜けなことをしでかす。もちろん、こういうジョークは明らかに人を卑しめ、型にはめようとするものだ（それでも、じつに面白いものもある）。

イギリス人は、ここで述べたことはみな周知の事実で驚くに当たらないと考えている。

A Sniffer's Guide to Japan

日本の「匂い」案内

すばらしい風景を「見る」と、ぼくたちは人に話したくなる。それが外国の風景ならなおさらだ。豪華な食事で「味わった」珍しい食べ物もよく話題にする。美しい音楽を「聴こう」とコンサートに出かける。しかし「匂い」について話すことはあまりない。このように、ぼくたちは五感のうち嗅覚を（触覚もだが）あまり気にとめていないが、匂いはぼくたちが思うより大切だ。それはほかの感覚とはちがう、心と記憶の中の場所に直接つながっている。

たとえば、祖母の家がいつもラベンダーの香りに包まれていたという理由で、ラベンダーの香りをかぐとすぐ祖母の姿が頭に浮かぶ人がいるかもしれない。ぼくの友人に冬になると日本のコンビニに行くのを嫌う人がいた。レジのそばで湯気を立てているおでんの匂いのせいらしい。おでんの匂いが嫌いというわけではなく、その匂いが恋人と別れて一文なしだった東京の最初の冬を思い出させるからだった。いい仕事と新しい恋人を見つけてから何年かたったあとでも、彼はその匂いをかぐと気が滅入《めい》った。

匂いにとても敏感な人と、そうでもない人がいる。ぼくはどちらかと言えばその中間に位置するようだが、「匂いの世界」を意識して過ごすようにしている。この章では、匂いにかんするぼくの洞察（insightsではなくinsmellsとでも言おうか?）を少々ご紹介しよう。

日本では食べ物の匂いがとても身近に感じられる。それは寒くなるとコンビニに登場するおでんにかぎらない。東京の夏と言えば、ある日いきなりぼくの鼻を襲ったラーメンの強烈なニンニク臭が思い出される。これを書いているいまでも、それは二〇〇〇年のことで、目黒のあの場所だったと覚えている（おかしなことに、そのとき身につけていたズボンや靴まで忘れていない。このことは匂いが記憶とつながっているという証拠にちがいない）。日本の飲食店は食べ物の匂いをわざと広告代わりに道路に垂れ流している。人によって意見はちがうだろうが、ぼくはラーメンの匂いが最悪で、鰻《うなぎ》の匂いが最高だと思う。

ぼくにとって日本と結びついているもう一つの匂いは、冷房と煙草《たばこ》の煙の組み合わせだ。煙草の煙は不快だが、暑い日の冷房は快適だから、それは奇妙な取り合わせだ。以前はタクシーに乗るとこの匂いを感じたものだが、パチンコ店の前を通りすぎるときにも出会う。ときおり、どこか別の場所でこの匂いをかぐと、「ああ、パチンコの匂いだ」とぼくは思う。

日本にいるとつい恋しくなる匂いがある。まず、芝生を刈ったばかりの匂い。それはさわやかな匂いで、そこに草が自然に生い茂っていたことを物語る。草は大量に刈らないと匂わないので、この匂いに遭遇するのはたいてい夏の公園だ（草がすぐ伸びる）。つまり、それは「楽しい場所の匂い」なのだ。

大好きなのに、日本で出会えないもう一つの匂いは、チップスにモルトビネガーをかけたときのあの匂いだ。言っておくが、それはチップスの匂いでも、モルトビネガーの匂いでもない。熱いチップスから立ち上るモルトビネガーの匂いだ。イギリスでは、フィッシュ・アンド・チップスの店で「上が開いた」袋にチップスを入れてもらい、モルトビネガーをかけて、歩きながら頬張《ほおば》ることが多い。その匂いときたらもう夢中になる。とくに冬場はそうだ。それは、ぼくにとって「イギリスの匂い」だ。

ぼくが好きな日本の匂いを三つあげるとしたら、第三位は米が炊き上がる直前に炊飯器から漂ってくる蒸気の匂い。それは米そのものの匂いというより、少し癖のある蒸気の匂いだ。これほどこの匂いが好きなのはきっと期待感のためだろう。その匂いがしたということは、もうすぐ食事の時間で、たぶんぼくはとても腹が減っている（ご飯を炊くには長い時間がかかる）ことを意味する。それは、ちょっとパブロフの犬を思い起こさせる。

第二位は、玄米茶の香り。ぼくはあまり玄米茶を飲まないが、その香りはとても好きだ。玄米茶の香りにはじめて出会ったのは二〇年前に勤めていた日本の学校の職員室で、この香りもぼくを過去に連れ戻す。ぼくがこの香りをとくに好むのは、ある説の論拠になってくれるからだ。ぼくはコーヒーよりお茶が好きだ。でもコーヒー党の人はコーヒーのほうがお茶より香りがいいと言う。たしかにそうだ。イギリス人が飲む紅茶はすばらしい味がするが、香りはそれほど強くない。ティーショップに入ってもすぐにかぐわしい「お茶の香り」が漂ってくるわけではないが、コーヒーショップでは豊かなコーヒーの香りがあたりに漂う。しかし、玄米茶があるおかげで、お茶にもコーヒーに負けない香りを持つものがあると反論できる。

さて、ぼくが好きな日本の匂いの第一位はそれほど変わり種ではない。畳だ。ぼくはイギリスの家の引き出しに小さな正方形の畳をしまってある。ときどき、引き出しを開けては息を深く吸い込む。それはとても自然で落ち着く香りだ。日本に住んでいたときは、いつも畳の部屋が少なくとも一つあるアパートを借りた。ぼくは畳の部屋のほうが絶対によく眠れる。東京で職場に行くときは畳店の前を自転車で通ったもので、それが朝の通勤の楽しみだった。いつか貯金がたまったら、イギリスにある家のロフトを畳の部屋に改造したいと思っている。天井（家の屋根）がとても低いので、こたつの周囲に畳を敷いてその上にクッションを置いてすわるつもりだ。

嗅覚の不思議さは、不快な匂いも好きになることだ。これは日本で暮らした自分の経験から知った。木から落ちた銀杏《ぎんなん》の実がいい匂いだという人はおそらくいないだろう。それは犬の糞か腐ったチーズのようで、人に踏みつけられると果肉がかなりの悪臭を放つ。ところが、ぼくはこの匂いがするとうれしい。それはこの匂いが日本での幸せな日々——樹木など自然に囲まれた場所や、晴れた秋の日に外で過ごしたことを思い出させるからだ。言ってみれば、それは「良い悪臭」なのだ。おわかりいただけるだろうか。

To Be in England in the Summertime

イギリスで夏を過ごすということ

これを書いている今日は、イギリスのこの一〇年間でいちばん暑い。男性は上半身裸で外を歩いている。みな体が「溶ける」ようだとか、「うだるような暑さ」で夜眠れないとかこぼしている。新聞各紙は「熱波」にかんするニュースばかり伝え、人びとはトラファルガー広場の噴水に飛び込んで暑さをしのぐ。線路が熱くなりすぎて、鉄道は大混乱している。客車の冷房が追いつかないので、乗客はまるで「蒸し風呂」に入っているようなものだ。午後には、気温が三五℃に達した地域もあった。

たしかに暑い。でも耐えられないほどの猛暑ではない。湿気がないからだ。ぼくの家にはエアコンどころか、扇風機さえない。代わりに窓を開けて風を入れている（もっと暑い国々では、暑くなると窓を閉めなければならない）。ここでは、庭の木陰にすわっていることもできる。ただし、庭仕事に精を出すのに適した日でないのは認めよう。それでも汗はかいていないし、一〇分ごとに冷たい水が欲しくもならないし、一時間ごとにシャワーを浴びようとも思わない。だから、この一〇年でいちばん暑い日だとはいえ、日本の六月から八月末までのおおかたの日よりずいぶん過ごしやすいだろう。

それに、これから長く涼しい夕方の時間がある。六月と七月は、午後九時近くまで外は明るい。仕事を終えてから、公園を散策したり庭にすわって酒を楽しんだりできる。

そこで考えた。イギリスの夏が日本の夏より過ごしやすいのは明らかだ（つまり、イギリスの勝ちで1－0だ！）。でも、いい季節に必要なのは快適な天候だけではない。ならばほかの要素についても、イギリスと日本の夏の長所と短所を比較してみようと決めた。

二番目の要素（天候の次にくるもの）が夏の食べ物だ。日本で過ごした最初の年、ある生徒が夏に鰻を食べると暑さに負けない体力がつくと教えてくれた。この話が本当かどうかはともかく、鰻はとても美味なので食べるのに口実はいらない。日本人の多くはスイカがいかにも夏らしい食べ物だと考えている。ぼくはあまりスイカが好きではないが、それは腕やシャツに甘い汁がしたたるからだ。それでもイギリスで夏の食べ物とされているキュウリよりエキゾチックだしうまい。信じられないことに、イギリス人はときどきキュウリのサンドウィッチを食べるが、それはぼくには何だか変に思える。イギリス人に夏らしい食べ物は何かと尋ねたら、きっと「イチゴのクリーム添え」と答えるだろう。これはまずくはないが、高級料理とは言いがたい（それに、現在のイギリスではイチゴは年中食べられる）。この点では日本が明らかに勝者だ。これで1－1。

これが「カップの中の夏」

三番目が飲み物だ。イチゴとキュウリは食べ物としてはさほど魅力的ではないかもしれないが、イギリスで人気の高い飲み物（ピムス・ナンバーワン・カップ）の材料だ。この飲み物はピムスにレモネードを注ぎ、それに氷、ミントの葉、そしてスライスしたイチゴ、キュウリ、リンゴを加えた夏向きの軽いアルコール飲料だ。ちょっとスパイシーでさわやかな飲み物で、「カップの中の夏」と呼ぶ人もいる。日本では、夏にはビールを飲む。たしかに夏のビールは格別だが、夏ならではの飲み物ではない。そういう意味では、冷たい麦茶のほうがより「夏らしい」ものの、すばらしいピムスにはかなわない。だから、この点ではイギリスの勝利。これで2－1。

四番目はスポーツ。夏はイギリスではウィンブルドンテニスの季節だが、一九三六年以来イングランド人が男子シングルスで優勝していないのは有名な話だ（アンディ・マリーが二〇一三年に優勝したものの、彼はスコットランド人）。ぼくは実際にウィンブルドンに行ったことはなく、ただテレビで見るだけだ。選手の信じがたいような力強さには敬服するが、スポーツとしてテニスが好きとは言えない。ぼくの好みからすれば、一本調子すぎる。たいていサーブ権のあるほうがゲームを取るし、いいタイミングで相手のサービスゲームをブレイクした選手が試合を制する。日本の夏と言えば、甲子園球場の高校野球が思い出される。ぼくはこれを見に何度か甲子園に行ったし、その雰囲気が妙に現実離れしていてとても好きだった。試合のレベルがすごく高いというわけではないが、情熱はひしひしと伝わってくる。ときどき軍隊めいた感じもあるし、試合は猛暑の中で行われる。ぼくにとって、参加校のブラスバンドのメンバーや応援団は選手と同じくらい大切に思えた。それは真の意味での「経験」で、とても日本らしかった。ウィンブルドンと甲子園を比較するなんて、チョークとチーズを比較するようなものだろう。この二つはあまりに異なっていて、どちらにも長所と短所があり、どっちがいいなんて言えない。だからこれは引き分けで、双方の得点は2・5－1・5になる。

五番目がイベントだ。イギリスには有名なコンサートがいくつかある。ロックやポップミュージックのファンならグラストンベリー、クラシックファンならロンドンのすばらしいロイヤル・アルバート・ホールで開かれる、お手ごろなチケットのBBCプロムスなど。地元の公園で演奏するバンド、野外劇場や映画など小規模の催し物も目白押しだ。日本には、これほど多くのイベント、というかこれほど質の高いイベントはないように思う。でも日本にはすばらしい祭りがあるし、夏の花火大会はぼくが経験した中でもっとも楽しめた部類に入る。ぼくは日本にいたならきっとひと夏に五、六回こうしたイベントに参加するだろうが、イギリスではほとんど参加しない。つまり、イギリスと日本は引き分けになる。

それでも、ぼくの心の中では結論はすでにはっきりしている。イギリスの夏について考えると、庭にすわって「緑の多い心地良い大地」を楽しみ、エネルギーをもらう自分がすぐに思い浮かぶ。日本の夏について考えると、まず頭に浮かんでくるのは汗ばんだ背中に張りつくシャツ、ぐったりするような疲労感、早く家に戻って暑さから逃れたいのに、帰ってみればアパートはエアコンが動くまでしばらく外より暑いという現実。こうして問いを細かく分けることで、ぼくはあれこれ分析しすぎたかもしれない。やはり夏はイギリスで過ごしたいと心の底では思っている。

The Japanese Have a Word for It

日本語でなら言えるのに

外国語を学ぶ楽しみに、絶妙な表現や言葉との出会いがある。自国語にいい表現がないのに外国語に見つかることがあるのだ。そんな表現はときにはそのまま借り入れられる。こうして英語に入ってきた外国語に、ドイツ語の「シャーデンフロイデ（他人の不幸は蜜の味）」、フランス語の「プリュ・サ・シャンジュ（変われば変わるほど元のまま）」、トルコ語の「キスメット（運命）」などがある。

英語に入ってきた日本語はそう多くはない。でも日本語にはとても便利で気のきいた言葉があるので、ぼくはまわりの人に紹介するようにしている。

代表的なのが「別腹」だ。甘いものに取っておく「二つ目の腹」という言葉をぼくも思いつくべきだった。「もうお腹いっぱい」と言っておきながら、アイスクリームを食べる人がよくいる。すかさず、ぼくは言う。「『別腹』というものがあってね……」

ある日、友人宅を訪ねていたときのことだった。隣の部屋にいた友人夫妻の坊やが、ティッシュを箱から取り出しては破いて部屋中に放り投げていた。幼い子にありがちな行動だ。でも友人夫妻が「あの子、祭りをしているよ！」と言ったので吹き出しそうになった。ぼくは「祭り」のふつうの意味なら知っていた。でも、ちょっと行きすぎた行動を「祭り」と呼ぶなんて面白いと思った。それから、ぼくはこの言葉を頻繁に使うようになった。飲みすぎは「ビール祭り」、食べすぎは「フード祭り」だ。

奇妙な行動をする人がいたら、その人を「異常（malfunctioning）」と呼んでいいかもしれない。しかし、それでは日本語で「壊れている」というほど自然には聞こえない。日本人がみなこの表現を使うかどうかは知らないが、何度か聞いたことがある。この言い方がきつく聞こえないのは、それがその人のいつもの行動ではなく、たぶん修正できることを暗示するからだ。

日本語の学習を始めてすぐのころ、「鵜呑《うの》みにする」という言葉を学んだ。自分がやっていた「意味を完全に理解しないまま言葉を使うこと」を日本語で何と言うのか教えてもらったのだ。こうして「鵜呑みにする」もその一つに加わった。つまりぼくは、「鵜呑みにする」を「鵜呑みにした」のだ。

しかし、これは単に言葉の問題ではなかった。当時のぼくは、鵜がどのようにして魚を丸ごと飲み込むのかを知ってはいなかった。じつは鵜が大口を開けて魚を飲み込む様子はなかなかコミカルに見える（魚にとってはコミカルどころの騒ぎではないだろう）。鵜が魚を丸呑みすると知ってからは、この表現のすばらしさがよくわかった。

その後、テムズ川で鵜が魚をとらえて食べるのを実際に見た。まず、鵜は魚の住みかである水中にもぐり、泳いで追いかけて水中の魚を捕まえようとする。水中にもぐってから三〇秒ほどして、驚くほど離れた場所で水面に出てくる。たいてい魚を捕まえてはいない。ようやく捕まえても、楽に飲み込めるとはかぎらない。何度も魚を空中に放り上げては食道にすんなり落ちる向きに変える。難しい作業だ。こうして、「鵜呑みにする」という表現に隠された深い意味を知ることになった。つまり、ただの丸暗記でさえ時間と努力を要するたいへんな作業なのだ。

日本語では誰かが可愛《かわい》くてしかたないとき「目に入れても痛くない」と言うが、ぼくもふくめた大多数の外国人にとってこの表現はおかしい。何というアイデアなのだろう。日本人はこの表現を何度も聞いているから、はじめて聞く外国人ほど新鮮だったり印象的だったりしないのだろうと思う。そこで、このフレーズがどれほど奇妙か日本人にわかってもらいたくて少々変えてみることがある。「あの子犬は可愛いですね……目に入れたくなった！」

イギリスのおばあさんなら、可愛い孫娘に向かって「あなたは本当に可愛いから食べてしまいたいわ」と言うところだ。この表現は「目に入れても痛くない」とほぼ同じ意味合いだ。それでも日本語のほうがおかしく（痛くないわけがない！）、英語のほうはちょっと怖い。幼いころ、まさかおばあちゃんに食べられるとは思わなかったけれど、そんな発想が彼女の頭の片隅にあるようでちょっと心配だった。

大田区に住んでいたころ、庭のある家に住んでいたぼくは東京の同僚たちに珍しがられた。イギリスに住む友人たちに自慢するときは、「猫の額《ひたい》ほどだけどね」と付け加えたものだ。友人たちは最初はとまどうが、やがて面白がってくれる。すぐにその意味がわかる人はまずいないものの、一、二秒でみな理解する。明快でありながら、相手に一瞬考えさせるという絶妙なさじ加減の言い回しである証拠だ。「狭い」ではそうはいかない。

英語なら「それは切手ほどの大きさだ」と言えるだろうし、それも悪くない。それでも、その言い方ではちょっと月並みだ。それは何か小さなものと比べているだけだが、日本語の場合は小さなもの（猫）のさらに小さなもの（額）と比べている。しかも猫は額が小さいことで知られているわけではないから、周知の事実に頼るような怠慢な表現（たとえば、「ゾウくらい大きい」）ではないのだ。一方で、「猫舌」ほどわかりづらくもない。イギリス人は、猫が熱い食べ物を嫌うとまず教えてもらわないとだめだから、「猫舌」という言葉はピンとこない。つまり、「猫舌」は感覚的に意味がわかる言葉ではないのだ。

しばらくのあいだ、ぼくは「赤ちゃん」という日本語がいちばん好きだった。乳児を「赤」と呼ぶのは見たままでおかしいけれど正確だ。語尾に「ちゃん」を付けて愛称にするところに愛情も感じる。このことをイギリスの友人たちにわかってもらいたくて、ぼくはこの言葉はだいたい「dear little red thing」という意味だと説明する。日本人がこの言葉についてあまり深く考えないのは明らかだが、外国人にはけっこうおかしい。

日本語には擬声語や擬態語が山ほどある。そんな言葉がぼくの頭にこびりついて離れないことがあるが、最初に聞いたときにはただの「新しい言葉」だった。いまでは友人の息子（髪がきれいにカールしている）のことを話すとき、どうしても「クリン！」と説明したくなる。「around-and-around」と言ったら、「グルグル」と付け加えないと気がすまない。聴衆が拍手すると、いまのぼくには「クラップ、クラップ」ではなく「パチ、パチ」と聞こえる。とても「パチ、パチ」なロンドンでのコンサートに出かけた数日後、世界中で使われている擬声語や擬態語にかんする記事をたまたまイギリスの新聞で読んだ。著者は、自分が考える最高のものは「パチ、パチ」だと最後に書いていた。

ぼくは、便利な表現なら何でも好むわけではない。とても苛立たしいのは、店が閉まっていて、張り紙に「都合により……」と書いてあるときだ。英語にするとしたら「Due to unforeseen circumstances」となるだろうが、日本語はもっとあいまいだ。まったく説明になっていない。「店主急病のため」とか「厨房で火事があったため」とか言っていないし、英語が暗示するような非常に困難な事情や予測不能のできごとがあったとも告げていない。この張り紙を見るたびに嫌な気分にさせられるのだが、次に原稿の締め切りに間に合わなかったときには「都合により……」とぼくも言わせてもらおう。

「しかたない」も便利な表現だが、あまりによく聞く。本当に「何も打つ手がなく」、あきらめるしかないならそれもいいだろう。だが日本では何かいい解決法があるはずなのに、そこまでしたくないときにも使われる。あまりに不公平で筋が通らないので文句を言っても、「しかたない」と言われたことが何度もある。そんなときには、「しかたない」は「ごちゃごちゃ言わずにさっさと消えろ」としか聞こえない。

そこで、日本人に使ってもらいたい言葉を提案しよう。「しかたがある！」

The Things They Ask

みんなが知りたがること

大多数の外国人にとって、日本は遠い国だ。西洋人から見れば、ただ地理的に遠いばかりでなく、知っていることがほぼ何もない場所だ。だからその場所について無知で好奇心丸出しになる。だからぼくのように日本に長く暮らした人間は、そこはどんな国かとあれこれ質問を浴びせられる。ときには知的な質問もあって、日本について改めて考え直すこともあるが、くだらない質問もある（たとえば、ぼくは日本にプールがあるかどうか尋ねられたことがある）。

そこで、長いあいだに（たいていはイギリスの友人たちから）よく受けた質問、ぼくのコメントや答えをご紹介しよう。外国に行った日本人も同様の質問をされるだろうが、答えはちがうかもしれない。

白い手袋をはめて、通勤客を電車に押し込む仕事があるって本当？

なぜかこの東京の通勤風景の映像がときどきテレビで放映されるのだが、その光景はイギリス人にとってはあまりに衝撃的で忘れられない。こういう職業の人がいるのは本当だが、自分は見たことがないとぼくは答える（すると今度は、なぜ日本人はこんなことに耐えられるのかと聞かれるが、この問いに答えるのはもっと難しい)。

中国人と日本人はどこがちがう?

これは答えるのが難しい複雑な問題だ。この問いをかわす一つの方法は、こう答えることだ。「イギリス人とドイツ人のちがいくらいかな」

芸者や相撲《すもう》取りを見たことある?

ぼくはどちらも見たことがあるが、おそらくそれは珍しいケースだろう。芸者や相撲取りに路上でばったり出会うなんてほぼありえない(京都か両国でもなければ)。

日本の漫画やアニメキャラクターは、なぜ「日本生まれ」なのに西洋人っぽいの?

この問いはぼくにとって答えるのが難しい。ぼくはあまり漫画に興味がないから。そこで、こう答える。それがこの分野のスタイルで、ファンにとってキャラクターは西洋人というより、ただのアニメや漫画のキャラクターにしか見えない、と。

日本人はなぜ「くねくねした文字」(漢字など)を書くの?

「外国人の日本語学習を途方もなく難しくするため」とぼくは答える。日本語の文字の歴史に本気で興味を抱いている人がそう多いわけではないからだ。本気で聞いている人には、世界中の多くの古代言語では「象形文字」が使われていて、アルファベットも元をたどれば象形文字から生まれたと簡単に答える。

日本語は世界でいちばん難しい?

母語が英語の人にとって日本語はとても難しい面もあるが、「日本では五歳児でもしゃべれるようになる」。

「新幹線」はどのくらい速い?

とても速いけど、速いだけじゃない。快適で、清潔で、とても時間に正確だ!

日本の宗教は何？

この質問はきわどい。おおかたの日本人にとって仏教と神道はどちらも日常生活に溶け込んでいるが、他国の人の目には二つの宗教に帰依《きえ》するのは不思議なことに映る。それに日本人はキリスト教徒じゃなくても、キリスト教の教会で結婚式をあげるし……。

日本人はなぜよく働くの？「働きすぎで死ぬ」ことを意味する言葉があるって本当？

そういう言葉は本当に存在するし、日本には勤勉を尊ぶ文化がある。この伝統は歴史的、社会的、経済的理由が複雑に絡み合って生まれた。でも日本人がただ猛烈に働きたいだけの人びとだと考えるのは間違いだ。

日本人はとても大人しくて温和に見えるのに、カラオケになるとかなり「イケイケ」になる。なぜ？

カラオケは、うんと羽を伸ばしてばか騒ぎするのが許される特別な場所だ。そこでは、みな日常の社会的な約束ごとから解放されるのだ。

日本人は何でも箸で食べるの？

じつはそうではない。洋食はたいていナイフとフォークで食べる。それに洋食でなくても箸を使わないものもある（チャーハンを食べるのに日本人がスプーンを使うと気づくまで、ぼくは何か月も箸で食べていた）。

富士山はなぜ日本人にとって大切なの？

いまでは、富士山は日本人にとって大切な存在であるだけでなく、世界遺産になっていると答えることができる。あるいは、この山はとても荘厳で、快晴の日には周辺の遠い場所からでも見られるからと答えてもいい。

日本人は本当にいつでも礼儀正しい？

日本人はたいてい礼儀正しい（いつもではないし、すべての日本人がそうであるわけではない）。

日本人は男女で異なる言語を話すというのは本当？

男女で話し方はかなりちがうが、それは同じ言語のほんの少し異なるバージョンというだけのことだ。それでも、もし外国人男性が日本人女性から日本語を習ったら、あとで少々恥ずかしい思いをするかもしれない。

（英語を一生懸命に勉強している方々に、次の最後の質問をあげることをお許しいただきたい。本当にこの質問を何度も受けたので）

日本の教育レベルはとても高いらしいけど、なぜ日本人は英語を話せないの？

いい質問だ……。

Miscellaneous Strange Habits of the English

イギリス人の奇妙な癖

日本で暮らしたからこそ、イギリスとイギリス人について気づいたことがある。日本に行く前には、ごくふつうで当たり前だと思って気にもとめなかったような事柄だ。日本では（そしてたぶんほかの国でも）事情がちがうと知ると、イギリス人の行動にときどき驚くようになる。

イギリス人はかならずと言っていいほど紙幣で支払いをすます。何かの値段が二ポンド六六ペンスだとすると、イギリス人は一〇ポンド札で払う。一〇ポンド四二ペンスなら、二〇ポンド札だ。釣り銭にもらった硬貨を出そうとポケットを探る人はまずいない。これで大きな問題が二つ生じる。店はいつも釣り銭不足なのに、客はいつも小銭をじゃらじゃらさせているのだ（デビットカードが広まるまで、どちらの問題ももっとひどかったはずだ）。

ある友人が、パブ通いは帰りにポケットがとんでもなく重くなるのが玉に瑕《きず》とこぼしていた。パブで四、五回酒を注文すると、毎回紙幣で支払うので小銭がたまるのだ。

イギリス人が硬貨をしょっちゅう道に落とすのも、このせいかもしれない（拾おうともしない）。日本では床に小銭が落ちているのなど見たこともないが、イギリスでは日常茶飯事だ。パブの床にも、道路にも、更衣室にも落ちている。男性がズボンを脱ぐと、硬貨が落ちることが多い（ジムでちょくちょく見かける）。しかも、彼らはまず拾おうとはしない。まるで硬貨はお金ではないとでも思っているかのようだ。

イギリスには物乞いがたくさんいる。それに、働けないようには見えない物乞いもいる。日本でぼくが施しを乞われたのはわずか二回だ（一九九五年の大宮、そして二〇一三年の秋葉原）。だがイギリスではほぼ毎日のようにお金を恵んでくれとせがまれる。同じ日に五回も物乞いに会うこともあれば、一つの町の別々の場所で同じ人物にお金を無心されることだってある。たいてい、「バス賃にする四〇ペンス」や「お茶代のための七〇ペンス」のような決まった金額をせびられる。イギリス人は一ポンドに満たない小銭をたいして気にかけていないので、硬貨ならくれると知ってそうしているのだと思う。

暑くなると、**イギリス人はシャツを脱ぐことが多い**。公園でも街中でもそうだ。たいていは若い男性だが、ときには太鼓腹の中年もいる。あまり見たくはない光景だ。ぼくが住む町では、あるパブに「当店ではシャツ着用のこと」と注意書きがある。最初にこれを見たときぼくは、「Tシャツやサッカーユニフォームでの入店はお断り」という意味かと思った（こういう服装規定のパブもある）。しかし「上半身裸での入店はお断り」という意味だった。目抜き通りのパブに、イギリス人がシャツも着ないで入ろうとすることがあるなんてぼくには驚きだった。

まともに仕事をできない人が大勢いる。さまざまな業種の店員が商品知識に欠けていたり、接客が下手だったりする。公平を期すために付け加えておくと、彼らの賃金はけっして高くはない。ある店の店員は婦人服の平均サイズを教えてくれなかった。知らないのか、知っているが教えたくないのかわからなかったが、サイズは「お客様によって異なります」と説明したのだ。確かにそうだ！（ちなみに、平均サイズはサイズ12だが、14に忍び寄りつつある）

銀行員の多くが金融知識に乏しいと知ったときには、もっと心配になった。ある銀行員に、個人貯蓄口座（ＩＳＡ。無税の預金口座）をつくるメリットを教えてくれと聞いたことがある。銀行の通常の口座の利率が税引き後で二・四％なのに、ＩＳＡは二・一％だ。「でもＩＳＡは無税ですから」と彼は説明した。「それでもまだ利率は低いんだが」とぼくは答えた。彼は混乱している様子で、ＩＳＡは無税だともう一度繰り返した。

こんなとき、ぼくは日本の店員や銀行員をとても懐かしく思う。

イギリス人は雨の日でも洗濯物を外に干す。誰も好んでやっているわけではないと思うが、ぼくはイギリスと言えば雨や曇りの日に洗濯物が干されている光景を思い出す。イギリスの家庭にはほぼ乾燥機がないので、洗濯物は外に干すしかない。これはなかなか注意を要する。一〇月から三月のあいだはよく晴れた日が数えるほどしかない。夏でも、天気が急に変わったり、にわか雨が降ったりする。だから晴れた朝に洗濯して、雲がほとんどない空模様を見て洗濯物を干しても、買い物に出かけて帰ってくるころには雨が降っている。洗濯物を干して、夕方に戻ってから取り込むつもりで仕事に出かけることもある。これは一か八かの賭けだ。一〇時間のうちにわずかでも雨が降る確率は高いからだ。

興味深いのは、イギリス人は洗濯物が雨に濡れても気にかけないらしいということだ。彼らにとって雨はただの水なので、雨は洗濯物が乾くのを遅らせるとはいえ、ただそれだけのことだ。土砂降りでも、イギリス人は翌日に乾くまで洗濯物を干しっぱなしにする。

イギリス人は水を大切にしない。日本人は節水を心がけるので、ぼくもそうするようになった。まず、日本人は一家で同じ風呂の水を使い、その水を洗濯に使うことさえある。手を洗う水がトイレのタンクにたまるなんてすばらしいアイデアだ。ところがイギリス人は、水が底をつくことはないと思っている節がある。水を流したまま食器を洗い、歯を磨くあいだも水は出しっぱなしで、翌日の天気予報が雨でも庭にたっぷり水やりし、鼻をかんだティッシュをトイレに捨てて水を流すこともある（ゴミ箱に捨てない）。じつは、ぼくも若いころにいま述べたことを全部やっていたし、それについて考えたこともなかった。いまとなっては信じられないが、水はただだと思っていた（水道代は地方税にふくまれていて請求書が届くことがなかった）。

誰かがぼくの家を訪ねてくると（またはぼくが誰かの家を訪ねると）、ぼくはどれほど彼らが水を無駄使いしているかについて話す。たいがい相手はまるで変人を見るようにぼくを見るか、けちと呼ぶ。でも、ぼくにはどうにもならない。ぼくは昔とは変わってしまっていて、もう元には戻れない。

Surprise Surprise

びっくりばっかり

はじめて日本に行く前、ぼくは日本のことなら多少は知っているつもりでいた。日本にかんする本を二冊ほど読み、日本映画も数本観ていた。無意識に頭に入っていた事柄もあった。ほかにも、大事なことについて日本に詳しい人に教えてもらっていたことも少しはあった。

問題は、ぼくが知っていたことが、知らなかったことや思い込んでいたことに比べてあまりに少なかったことだ。ときどき当時を振り返ると、日本にかんする自分の完璧な勘違いに笑ってしまう。そこで実際に日本に行ってみて、とても驚いたことを順不同でいくつかご紹介しよう。

日本人は大酒を飲んで騒ぐ。 ぼくは日本人はとても堅苦しい人びとだと思っていた。実直で思慮深い人たちだ、と。日本に着いた最初の週末、神戸の街中を千鳥足で歩くサラリーマンの集団を見たときの驚きを、ぼくは忘れられない。やがて、日本人はときに非常に騒々しく、節制がきかず、いくらか下品にもなるとわかった。驚いたなんてものじゃなかった。

日本食は太る。 いや、日本食で「ぼくは」太ったと言ったほうがいいだろうか。ぼくは

「魚と米中心の日本食」が世界でいちばんの健康食だと思っていた。日本に行ってすぐに、太りすぎの人がとても少ないのに気づいた。ところが、ぼくの場合は二つの理由からそうならなかった。まず、ぼくはすべての日本食が健康的だと思っていた。だから、お好み焼きやたこ焼きをむやみに食べたのがいけなかった。次に、本当に健康にいい食事をすると（たとえば、そばを食べると）、すぐにすさまじい空腹に襲われる。そういう食べ物はとても消化が良いらしく、もう一度食べ直さないともたない日もよくあった。

日本のテレビ番組はだいたい退屈だ。まだ子どものころ、ぼくは『*Monkey*（西遊記）』や『*G-Force*（科学忍者隊ガッチャマン）』に夢中になったものだった。そこで日本に行けば、面白いテレビ番組を観られると期待していた。ところが、テレビでやっていたのはいろいろなゲーム番組で、当時はとても熱い風呂に人を入らせるのがはやっていた。いつも同じ顔ぶれの五、六人の「タレント」が冗談を言って、若い女の子を笑わせるという番組もあった。お金のかからない、もっとも低俗な番組だ。いまだに一部のテレビ出演者を目にすると苛立つ。

英語を話す日本人は少ない。日本の教育制度は優れているし、生徒たちはとても真面目に勉強すると聞いていた。それは間違っていないのだが、それで英語を話す人が増えるという結果につながっていないようだ。正直、ぼくは日本人の九〇%は英語を話すだろうと考えていた。実際にはその数字は一〇%ほどで、その多くが英語を学校で学んだわけではなかった。理由はわからないが、イギリスでも状況は変わらない。学校で外国語を学んでも、話せるようになる人はほんの一握りだ。

イギリスに行ったことのある日本人はとても少ない。ロンドンに行くたびに、いつも大勢の日本人観光客を見かけた。日本人はイギリスが好きだと言われていた。だから、たいていの日本人は一度はイギリスを訪れたことがあるだろうとぼくは思っていた。二〇年にわたって毎年のように数十万人の日本人がイギリスに来ようとも、それが日本人のごく一部だなんて思いもよらなかった。日本では最初のうちは、イギリスに行ったことがあるかと尋ねるのを会話の糸口にしていたが、そのうちこれでは会話は始まらないと気づいた。

日本には芝生があまり生えていない。イギリスでは、家々の庭、学校、公園とどこに行こうが芝生がある。それは自然の「カーペット」で、どこにでも自然にあるものだとぼくは思っていた。日本では、子どもたちが芝生のない公園で遊んだり、土のピッチでサッカーをしたりするのが驚きだった。ぼくは本当に草むらが恋しくて、青々とした柔らかな芝生のことを考えると、いちばんホームシックになった。

日本は均一には発達していない。日本は「未来的」と言われる。ロボットのウェイターがいたり、家にはロボットのペットがいたりすると思っている人もいる。だが日本は多くの面で発達していると同時に、とても遅れてもいる。来日して一年目のゴールデンウィークにATMが使えなかった（「なんで機械に休みが必要なのか？」と思ったものだ）。それは二〇年前のことだが、日本ではいまだにATMを使ったり送金したりするのに手数料を取られることも多い。日本でプリペイド携帯を買うのはとても高くつくし、悲惨なほど手間がかかる。それに「二四時間都市」のはずの東京では、電車はみな夜半には止まる（ロンドンでは、一部の路線で週末に電車が終夜運行されている）。こんな例は、まだいくらでもある。

日本語を学ぶのは大変だった。当然だと思う人もいるだろう。日本語が難しいとは聞いていた。だが自分は頭が悪くないのだから、すぐにものになるだろうと高をくくっていた。実際はむしろ、ぼくは自分が言語の習得能力に欠けていることがわかり、日本語を習得するために、長いあいだ猛烈に勉強しなくてはならなかった。一方で、日本語を話すこと自体は言われるほど難しくないと気づいた。つまり、二つの驚きが待っていたことになる。日本語はそれほど難しくないのに、ぼくはなぜか習得できなかった。

イギリス人がよく言う「Surprise Surprise（二重の驚き）」なのだった。

ロンドンオリンピックの「破綻」

The London Olympic "Debacle"

二〇二〇年の東京オリンピックに向けて日本が準備を進めるなか、二〇一二年のロンドン大会が成功例として注目を浴びている。日本は賢明にも過去の大会から教訓を得ようとしていて、ロンドン大会を手本にするのも当然の流れだ。だがロンドン大会が完璧な成功だったように見なす風潮が気にかかる。

ロンドンオリンピックが、さまざまな意味で成功だったのは認めよう。でも、ぼくがここで問題にしたいのはそういうことではない。どちらかと言えば、ロンドン大会の負の部分だ。日本がそうした反省点を認識し、避ける努力をしてほしいと思う。

ロンドンのオリンピック・スタジアムは大会の目玉だった。この施設の話は象徴的で、はらわたが煮えくり返る。当初、建築費用は二億八〇〇〇万ポンドとされたが、実際には四億二九〇〇万ポンドかかった。ところがオリンピック後の計画があいまいだったため、話はそれで終わらなかった。大会後、陸上競技用のトラックを残したままでスタジアムをサッカー場に変更するのに、さらに約二億七二〇〇万ポンドという膨大な「減築費用」が必要になった。

こうして納税者が七億ポンド以上注ぎ込んだスタジアムは現在、一五〇〇万ポンドの一時金と年二五〇万ポンドの使用料でウェストハム・ユナイテッドFCの本拠地になっている。民間のサッカークラブチームにとっては願ってもない条件だが、イギリス国民にとっては悪夢のような契約だ。オリンピック「遺産」を管理するロンドン・レガシー開発公社（LLDC）は、ウェストハムとの契約の詳細を隠蔽《いんぺい》しようとした。その後、情報公開法が適用され、ようやくさまざまな事実が白日の下にさらされた結果、ウェストハムは試合日の観客係、さらに競技に使用されるコーナーフラッグの経費まで支払わなくて良いことになっていたことが判明した。

ロンドンオリンピックは、ただのスポーツイベントではなく、ロンドンを変革する機会でもあった。インフラに改善が見られた（たとえば、公共の交通機関や美しく新しい公園など）とはいえ、ロンドン最大の問題である「住宅危機」に本当に改善がもたらされたかどうかは疑問だ。ロンドンの住宅は高騰し、一般市民は小さなアパートでもなかなか購入できなくなってきている。

オリンピック公園周辺に新たに住宅が建設されたものの、それらの中にいわゆる「手ごろな住宅」、つまり相場より少なくとも二〇％安い住宅はほとんどない。それに住宅や賃貸料の相場はあまりに高いので、「手ごろな住宅」とされる住宅ですら低・中所得層には手が届かない。

選手村の大半は、カタール王室の投資部門に売却された。イギリスでは公共住宅の建設がここ三〇年というものほとんど進んでいないにもかかわらず、公的資金により建設された住宅が海外の億万長者に売り渡されたのだ。オリンピックは、いったい誰のためのものだったのかと考えたくもなる。

ロンドンオリンピックには、もっと多くの若者にスポーツに親しんでもらおうという野心的な目的もあった。大会のスローガンは「次世代に息吹を（Inspire a Generation）」だった。ぼくはこれは意義深い理念だと思う。イギリスでは憂慮すべき肥満傾向が認められ、多くの健康問題を引き起こしている。残念ながらこの理念が実現したとは言いがたい。調査によれば、二〇一二年にはスポーツ活動が活発になったものの、その後は低迷している。

オリンピックはスポーツ振興のための「決定打」とされ、それは若者たちがトップアスリートを見て奮起するだろうという仮説にもとづいていた。でもこれは「ただの仮説」で、調和のとれた国家政策ではない。イギリスでは、学校が校庭を開発業者に売却するという問題も以前から指摘されていた。こうして現在、ロンドンには新しい見事な「遺産」のスポーツ施設がある一方で、シェフィールド最大の陸上競技場やニューカッスルの市民プールなどのような重要な施設が二〇一二年以降に閉鎖された。

東ロンドンはもともと首都の中では貧困層の多い地域で、オリンピックによって再生を果たした。しかし、ロンドン全体や南東イングランドは、イギリスでももっとも裕福な地域だ。だから、ロンドン以外の貧困問題を抱える地域には何の支援もせずに、国全体で首都の一部の開発費用をまかなったのは不公平とも言える。

オリンピック・スタジアムの場合と同じく、大会の総費用はどんどん膨れ上がった。最終的な費用は、二〇〇五年当初に出した試算額の三倍にあたる九三億ポンドとなった。この期間に金融危機と深刻な景気後退があったにもかかわらず、こんな結果になったのだ。一部の人びとは、景気が良くないのだから支出を抑えて「簡素な大会」にすべきだと主張したが、この考えに耳を貸す人は誰もいなかった。イギリスは、入札時に国際オリンピック委員会（ＩＯＣ）にした約束を守るべきだとでも言うかのようだった。

ところが大会開催中には、ＩＯＣ職員がロンドンの道路に設定された専用の「オリンピック車線」の通行を許される一方で、ロンドン市民は混雑した他車線に通行を制限された。すべての人が平等に不便を忍ぶのであれば、イギリス人はたいてい我慢する。しかし、こんな「抜け駆け」は許さない。

ぼくがいちばんひどかったと思うのは、オリンピック後に関係者が大会は予算通りに終わったと主張したことだ（彼らは使い切れずに残った予算の一部を「返還」することまでした）。これは予算を当初の三倍に増やしたからこそできた芸当だ。それはジョージ・オーウェルの小説『１９８４』を思い起こさせる。小説では、市民は配給のチョコレートが明らかに減っているとわかっているのに、以前より増えたと喜ぶよう強制された。この「予算通りの大会」は、大衆とは愚かなもので言われた通りにふるまうという前提にもとづいた政治的な嘘だ。このことだけでも、二〇一二年はぼくにとって苦い思い出になる。

Keeping it Brief

略語のつくりかた

日本にいたころ、日常生活でよく使われる略語に興味を持つようになった。ぼくの好みは、門仲《もんなか》（門前仲町）や下北《しもきた》（下北沢）だった。ラジカセ（「radio」と「cassette」から）やファミレス（「family」と「restaurant」から）などのように、二個の英単語を部分的に組み合わせた言葉も面白い。「日経《にっけい》」が「日本経済新聞」を意味すると理解するには少し時間がかかったが、それでも大阪大学を「阪大《はんだい》」と呼ぶよりはわかりやすい。「名神《めいしん》」が「名古屋と神戸」を結ぶ高速道路の略称だなんて、いまだに納得できない。

改めて英語でどう略語をつくるか考えてみると、思っていたより一貫していなかった。語尾を省略して全体を短くする場合が多そうだと想像していたところ、これについては実際その通りだった。たとえば、「Wellington boots（ウェリントン・ブーツ）」は「wellies（ウェリーズ）」、「gymnasium（スポーツクラブ）」は「gym（ジム）」、「television（テレビジョン）」は「telly（テリー）」になる（これらの単語は、どれも元の長い単語より略語のほうがはるかによく使われる）。

ところが、単語のはじめの部分を省略する場合もある。わかりやすい例が「telephone（電話）」の「phone（フォン）」だ。電話はテレビ以前に発明されたのだからこれは少々変な話で、略語として「telly」がすでにあったからというわけでもなさそうだ。

単語の真ん中が略語になる場合もある。「refrigerator（冷蔵庫）」の「fridge（フリッジ）」などだ。これは直感でそれとわかるものではなく、少年のころぼくは、誰かが「fridge」を「refrigerator」と呼ぶのを聞いて混乱したのを記憶している。「fridge」が何かは知っていたが、どちらも同じものだなんて想像もできなかった。

言葉を短くするときには、「telly」や「wellies」のように、自然に語尾に「-y」や「-ie」がつくことが多い。ところが元の単語とあまり似ていない略語もある。イギリス北部では「electricity（電気）」を「leccy（レキー）」、南部では「sandwich（サンドウィッチ）」を「sarnie（サーニー）」と呼ぶ人がいる。「umbrella（傘）」の略称「brolly（ブロリー）」は、イギリス全土で一般に使われる。

一部の単語がそっくりそのまま消えることもある。「cuppa（カッパ）」は「cup of tea（一杯のお茶）」のことだ（この言葉はコーヒーそのほかの飲み物には使われないと思う）。誰かに「fancy a pint?（一パイントいかが？）」と尋ねられたら、その人は「a pint of beer（ビールでもどう？）」と聞いている（サイダーかもしれないが）。牛乳を勧めているわけではない。

もっとも、牛乳もパイント単位で売ってはいるけれど。

サッカー（「football」つまり「footie」）には、さまざまな略語が使われる。審判はたいてい「ref（レフ）」、控えの選手は「sub（サブ）」、ゴールキーパーは「goalie（ゴーリー）」だ。「keepie uppies（キーピー・アッピーズ）」は、ボールを地面に落とすことなく蹴りつづけるリフティングのこと。サッカーチームの名称の多くにも短縮形がある。「Spurs（スパーズ）」と「Man U（マンユー）」は、それぞれ「Tottenham Hotspur（トッテナム・ホットスパー）」と「Manchester United（マンチェスター・ユナイテッド）」の略称。「Pool（プール）」は「Blackpool（ブラックプール）」の、「Pools（プールズ）」は「Hartlepool United（ハートリプール・ユナイテッド）」の略称だ。

バーミンガム市を「Brum（ブルム）」、市民を「Brummies（ブルーミーズ）」と呼ぶこともある。これらの略称は、この町の旧称「Bromwicham（ブロムウィッチャム）」に由来する。

イングランドを構成する州の多くにはさまざまな略称がある。ベッドフォードシャーは「Beds（ベッズ）」、リンカンシャーは「Lincs（リンクス）」。ここまではわかりやすい。だがハンプシャーが「Hants（ハンツ）」で、ノーザンプトンシャーが「Nhants（ナンツ)」となると話はちがってくる。オックスフォード大学の略称は「Oxon(オクソン)」で、ラテン語の「Oxoniensis(オクソニエンシス)」が語源だ。だからぼくの学位は「BA(Oxon)」(オックスフォード大学学士号)ということになる。ケンブリッジ大学はラテン語の「Cantabrigiensis(カンタブリジエンシス)」に由来し、略称は「Cantab(カンタブ)」。オックスフォードの学生は、ケンブリッジの学生をさらに短い略称「tabs(タブス)」でからかい気味に呼ぶ。

人の名前には短い愛称があることがほとんどで、なかにはいくつも愛称を持つものもある。たとえばリチャードは、リッチ、リッチー、リック、リッキー、ディック、ディッキーなどさまざまに呼ばれる。

イギリス人が使う略語には、アメリカ人にとって奇妙に思えるものもあるようだ。イギリス人は「brilliant(見事な)」の意味で「brill(ブリル)」、「fabulous(素敵な)」の意味で「fab(ファブ)」と言う(イギリスの有名なテレビ番組に『Ab Fab〔アブ・ファブ〕』というのがあるが、これは「absolutely fabulous〔もう最高〕」の略)。一方で何か強調したい場合に、イギリス人は言葉をわざと長くすることがある。たとえば、「すばらしい」と言いたいとき、ただ「super」と言う代わりに「super-duper」と言うのだ。

もちろん、人やものをイニシャルで呼ぶこともある。MPは「member of parliament（国会議員）」、DJは「disk jockey（ディスクジョッキー）」。BAは「bachelor of arts（学士号）」を意味する。パーティーに「お酒を持ってきてください」という意味で、PBAB（please bring a bottle）と書く人がいる。ぼくが好きなのは、「それじゃまた」を意味するTTFN（ta-ta for now）。読むと元の言葉が聞こえてくるように感じるからだ。

だがイギリス人は「コマーシャル」をCMとは言わないし、「no good（ダメ）」の意味でNGとは言わない。現金自動預け払い機を指すATMも使うが、大多数のイギリス人は「cash machine」と呼ぶ。

イギリス人が、「pyjamas（パジャマ）」をPJsと呼ぶと知る日本人がどれほどいるだろう（「jim-jams〔ジムジャムズ〕」とも呼ぶが、こうなるともう略語ではなく、愛称だ）。

つまり、英語にはさまざまな略語と略し方があるのだ。それでも、二個の単語の一部ずつを組み合わせて一語にする日本人の技にはかなわないとぼくはずっと思っていた（「ラジカセ」や、「remote」と「control」を短くしてつなげた「リモコン」など）。ところが最近スーパーマーケットに行ったときについに出会ったのだ。その名も、「banana（バナナ）」と「toffee（タフィー）」でできた「Banoffee Pie（バノフィーパイ）」である。

ぼくが好きになれなかったニッポン

The Japan I Didn't Like

どう見ても相当な日本びいきだったのに、なぜ日本を離れたのか、とよく聞かれる。この質問に答えるのは難しい。理由は一つではないし、決断はとても難しかったからだ。そこでぼくは、ただこう答えることもある。「頭をぶつけるのにうんざりしたからね」

相手はぼくがふざけているのかどうかわからず、返答に困る。もちろん、この答えはぼくが日本を離れた理由ではないし、いくらか人を煙に巻くようなところがある。それでも、まったく的を外れているわけでもない。ぼくは日本も、日本人も、日本文化も好きだ。いろいろな意味で日本の暮らしに満足していた。それでも、かなり苛立つ経験をしたのも事実だ。

あなたが戸口などに頭をぶつけた経験があるかどうかわからないが、それはすさまじく痛い。ぼくは日本でしょっちゅう頭をぶつけた。あるときなどは、頭をひどく打ちつけて気を失いそうになった。別のときは、頭をぶつけて二〇分も血が止まらなかった。あるいまいましい週には、三度も頭をぶつけた。ぼくは背が高いほうだが、人並みはずれて長身というわけでもない（約一九〇センチ）。ぼくと同じくらいかもっと背の高い日本人にも会ったことがある。かなりの人が怪我をするような低い戸口をつくりつづけるのはいかがなものだろう?

ぼくは騒々しい場所では仕事ができない。書き物をするときは、音楽をかけて外部からの音を遮断する(いまは、J・S・バッハの無伴奏チェロ組曲第一番を聴いている)。でも東京で暮らしていたときは、これではすまなかった。廃品回収車が出す大音量の騒音にたびたび邪魔されたのだ。あの回収車は同じ地域を何時間も巡回しているらしい。もっとひどいのが選挙のときだ。わがままな人びとが、何週間にもわたって自動車から自分の名前を一日中大声で連呼する。これが有権者の票を獲得する最良の方法なのだろうか?

ぼくは運動とストレス解消をかねてよくジムに通った。ランニングマシンで大汗をかく。着ているものはびしょびしょになるので、ぼくは何年ものあいだ自分がとんでもなく汗っかきだと思っていた。ところが、アメリカやイギリスでジムに行ったときは、おかしなことにあまり汗をかかなかった。やがて日本のジムは暖房がききすぎているのだと気づいた(ほぼ例外はない)。寒い時期には日本の電車も暖房がむしろ暑いくらいになるが、いちばん不快に感じたのはジムだった。そこは運動をする場所だ。運動すれば体が温まる。だから、それほど暖房を強くする理由はない。

日本人は、これまで出会った中でいちばん礼儀正しい人びとだ。一〇年以上日本で暮らしたあいだに、礼儀をわきまえない人に出くわしたことはまずない。でも例外がある。悪気はないのだろうが、友人も見知らぬ人も無邪気そのものにこう言う。「わあ、すごく汗かいてますよ！」。もちろん、こんなことを言うのは無作法だ。誰かに「ちょっと臭いです」とか、「今日は髪の毛がベタベタしてますよ」などとは言わないだろう。なのに気温が三三℃で湿度が高いときや、銭湯から出たばかりのとき、ジムでトレーニングを終えたときに、日本人はぼくが汗をかいていると教えてくる。汗をかいている人は、自分でもそのことに気づいている。汗を止める方法はないのだから、汗をかいていると教えてもらっても何の役にも立たない。そう聞いたら、ますます汗が気になるだけだ。

ぼくは何のあてもなく歩くのが好きだ。ときどき、自分がどこにいるかわからなくなり、誰かに道を尋ねるしかなくなるまで歩く。たいていの人は、道を尋ねるととても親切に教えてくれた。だが一〇回に一回くらい、最寄りの駅や川に出る道を教えられない人がいる。相手が「わかりません」と言っても、ぼくはちっともかまわない。ところが何も答えてくれない人がたまにいる。小首をかしげ、息を大きく吸って考え込むふりをしたり、何か言いはじめて途中で口を閉ざしたりする（「この道は……」）。もちろん、その人が道を知らないのなら、ぼくはその人をあきらめて別の人に尋ねたい。だが、その人が何か言うまで待たなければいけないとも感じる。そこで返ってこない返事を待つ宙ぶらりんの状態に置かれる。ぼくはこの種のコミュニケーション能力の欠如を、教師や記者をしていた職場でも、日常生活でも経験した。

日本人であるというだけで、ぼくより「日本について知っている」とばかりにふるまう人がいた。ごくまれだったが、神経にさわるほどにはいた。たとえば、ある男性と飲酒の文化について話していたとき、彼は「我々」日本人はウィスキーを飲まないと言った。「ぼくの知り合いでウィスキーを飲む人はほとんどいない」とか「焼酎のほうがはるかに人気が高い」ではなく、「ぼくたちは焼酎か日本酒を飲むけどウィスキーは飲まない」ときっぱりと言い切ったのだ。そのときぼくは、日本人はイングランド人（スコットランド人はまた別の話）よりスコッチウィスキーを飲むんじゃないかというような「興味深い」話をしていた。だが彼のひと言で話の腰を折られてしまった。ぼくが気になったのは、自分は日本人だから間違っているはずがないとでも言いたげな彼の口ぶりだった。

だが最悪だったのは、日本にいたときは日本を批判できないことだったかもしれない。何か非難めいたことを書くと、「日本たたき」となじられた。また東京生活のある一面について不平を述べると、気分を害したり怒りをあらわにしたりする人がいた。区役所の手続きの煩《わずら》わしさに文句を言って、日本人のガールフレンドを泣かせてしまったこともある。外国人であるぼくが日本について何か愚痴《ぐち》をこぼすと、まわりの人はぼくが日本を嫌っていると思うらしいのだ。まったくの濡《ぬ》れ衣《ぎぬ》だ。ぼくは日本の暮らしはすばらしいと思っていたが、自分が住んでいる場所に意に染まない点が一つもないなんて不可能に近い。人間なんだから、ときには不満をもらしてもいいんじゃないかと思う（事態の改善につながるかもしれない）。

考えてもみてほしい。もしぼくが本当に日本を嫌いだったら、あんなに長く日本で暮らしたりはしなかった。どれだけ頻繁に頭を戸口に打ちつけたかを考えるならなおさらだ。

Perplexities of British Life

イギリス暮らしの悩み

イギリスにはイギリス暮らしにつきものの問題や事情がある。なかには、程度の差はあるにしろ日本など他国で起こってもおかしくないものもある。それでも、ぼくに言わせればこうした問題はイギリス「特有」のもので、東京ではあまり経験しなかった。

とれすぎるリンゴ

イギリス人の多くは庭を持っていて、その庭にはリンゴの木が植わっていることがじつに多い。ぼくの家の庭にはリンゴの木が一本しかないが、それでも毎年何百個ものリンゴを実らせる。その季節になると、風の強い日には何十個ものリンゴが木から落ちる。へこみができているし、虫食いが一、二か所あり、傷があることも多く、熟していないこともある。それでもそれは、ぼくが、ぼくの庭で育てた、ぼくのリンゴなので捨てるわけにもいかない。いま冷蔵庫には五〇個ほどリンゴが入っているし、冷凍庫はぼくが（少量の砂糖とブラックベリーを入れて）煮たリンゴが入ったタッパーウェアで満杯だ。とても食べ切れない。とはいえ、誰かにリンゴをあげることもできない。たいていの人は、味も姿も申し分のない市販のリンゴを好むからだ。あるいは、同じようにリンゴができすぎて困った人から袋にいっぱいのリンゴをもらっている。

だぶつくビール

人生のある時期（学生時代や退職後など）に一般的なイギリス人男性は、自分でビールを醸造しようと思いつく。たいていの場合、「絶対に失敗しない」という触れ込みの自家醸造キットを使う。問題は、キットを使えばそんなにまずくはないけれども、「市販のビール」ほどうまくないビールができることだ。こうして突然、二週間のうちに飲まなくてはいけない四〇パイントのビールが出現する。そこで彼は友人を自宅に招く。友人たちは、このさしてうまくもないビールを何パイントか飲んでほめそやす羽目になる。もちろん、翌朝には嫌な二日酔いが待っていると承知の上だ（ぼくはこういうパーティーの被害者と主催者の両方を経験した）。

ばつの悪いゴミ収集日

ぼくの町では、一般のゴミは一週間に一度、「瓶と缶」は二週間に一度収集する。「瓶と缶」の収集ではいつも決まりの悪い思いをする。自分がたったの一四日間で、どれほど多くの空のワインボトルやビール缶をため込んだか一目でわかるからだ。実際、プラスチックのゴミ箱はずしりと重く、台所から家の外に運び出すだけで大仕事になる。みっともないので、ぼくは隣人の視線のない深夜に重いゴミ箱を出す。隣人も明らかに同じ問題を抱えているのに。また、この問題を避けようと、空のビール缶を何個かふつうのゴミ袋に入れたり、買い物ついでに空のワインボトルを数本スーパーマーケットの回収箱に入れたりする人もいる。

晴れと雨のジレンマ

イギリスの天気は予測しにくく、「一日で四季が味わえる」と言われるほどだ。家を出るとき、日焼け止めを塗るべきか、傘を荷物に入れるべきか迷うことがよくある。簡単な話だと思うかもしれない。雨が降っていれば傘だし、暑ければ日焼け止めではないか。ところが、そう簡単ではないのだ。日焼け止めを塗ってもわずか一〇分後には雨が降りはじめ、そのまま一日中降りつづくかもしれない。その反対だってある。というより、もっと複雑なのだ。両方必要とする日があるかと思うと、両方用意してもどちらも必要ない日もあるのだから。

リモコンの山

ほかの国でもそうだろうが、イギリスにはリモコンだらけの家が多い。現代人はDVDプレイヤーやテレビだけでなく、スカイやヴァージンなどが提供するテレビ視聴用の「ボックス」などを持っている。機器が同じ組み合わせの家庭は二つとないくらいなので、誰かの家に行ったときにはよほどそれらの扱いに詳しくないかぎりテレビを見るのも不可能に近い。ぼくなどは家を二週間ほど空けただけで、自宅の電気機器の操作すら忘れてしまう。今日はテレビ番組を一時停止しようとして、DVDプレイヤーの電源を入れてしまった。リモコンを間違えたのだ！

二本の手、五人分の酒

イギリス人はビールを「ラウンド」で買う。パブでは、順番に友人たちのビールをまとめて買うのだ。これはよくできた互恵的な習慣で、一人がカウンターで順番を待ってビールを注文するあいだ、残りの友人たちはリラックスしておしゃべりを楽しめる。イギリス人男性の多くは、ビール瓶を両腕で抱えてグラスを指でもち、混雑したパブ内を縫うように運ぶのがうまい。ぼくは以前ならこの芸当ができたのかもしれないが、東京にいるあいだに忘れてしまった。

カードの混乱

たいていのイギリス人は二～五枚の銀行カードを持っている。ぼくは八枚だ。「コンタクトレス」のもの（精算機にかざすだけなので便利）、「Chip and PIN」方式のもの、クレジットカードもデビットカードもある。どのカードにも異なるＰＩＮ（暗証番号）を設定しなくてはならない。緊急時のみ使えるカード、「キャッシュバックポイント」のあるカード、一か月当たりの利用制限額が設定されているカードなどがある。さらにスーパーマーケットには「ポイントカード」があり、このカードを読取機に通してポイントをためればその店の買い物に使える。こうして財布はカードだらけになり、いつどのカードを使うか迷うことになる。ぼくはある店で別の店のポイントカードを出したり、別の銀行のカードの暗証番号を入れたり、読取機に通すべきカードをかざしたりすることがしょっちゅうだ。

鉄道の悪夢

ぼくは鉄道オタクではないが、列車の夢を見る（悪夢だ）。イギリスの鉄道輸送システムは恐ろしく込み入っていて、さまざまな鉄道会社が数十種類もの切符を出している。切符をいちばん安く買える方法（混雑していない時間帯の列車を選び、そのコード番号を入力してネット予約し、駅で機械にコード番号を入れて切符を発行する）と、いちばん高くなる方法（駅に行って次の列車の切符を買う）では運賃の差がかなり大きい。切符を間違えていると罰金を払わなくてはならないが、鉄道輸送システムが込み入っているのでついやってしまう。ぼくのように、ネットで切符を予約してもそのとき使ったクレジットカードを忘れてくると、切符を買い直さなくてはならない。大半のイギリス人は不快に思いつつ、これも人生だとあきらめる。ところがぼくの場合は、日本での切符のあれこれがいかに簡単だったかを覚えているので、そのおかげかイギリスの鉄道のストレスが夢にまで現れるのだ。

日本語への旅

A Journey into Japanese

ぼくがイギリスの友人をからかうのに好んで使うジョークがある。日本語の基本的な一〇〇〇語を「一〇分以内に」習得させる方法を知っていると言う。たいてい少し疑い深い目で見られるが、かまわず日本語を並べていく。「テレホンカード、シャンプー、カーペット、ヘリコプター、ラグビー、インターネット……」

ある友人は、こんなジョークで応酬した。「きみはやさしい言語を選んだよな。まあ、発音が少し間違っている英語だけで日本語ができているとすればね」。もちろん、「外来語」は日本語のごく一部を占めるにすぎない。ところが、外来語を学ぶのはけっして「やさしくはない」。外来語の多くが英語以外を語源としているし、仮に英語であっても意味や用法、発音が原語とかなりちがう場合があるからだ。

実際、外来語は日本語の興味深い側面で、日本語の柔軟性と日本人の創造性を教えてくれる。平凡なものから笑いを誘うものまで、簡単なものから複雑なものまで、外来語もいろいろだ。

外来語の中にはその歴史がかなり古く、当の日本人にすらその起源がかならずしも明らかでないものがある。「背広」(カタカナより漢字で書くことが多い)は洋裁店が多いことで有名なロンドンのサヴィルロー通りに由来するようだ。明治時代に日本を訪れたイギリス紳士が「これはサヴィルローですぞ！」と自分が着ているスーツを見せびらかし、それを聞いた日本人が「サヴィルロー」とはこの一風変わった衣装の名称だと推測した様子が目に浮かぶようだ。

また、西洋人がペットの洋犬を日本にもち込んだとき、日本人はこれらの犬を「カメヤ」と呼ぶようになった。飼い主が犬に向かってかならず「Come here!（カムヒア）」と叫んでいたからだ。この言葉が使われなくなったのが残念でならない。洋犬を指す言葉があれば何かと便利だろうに。

多くの外来語は英語を「誤って発音したもの」だとぼくはずっと思っていた。だが「コック」「アレルギー」「ボタン」のような言葉は何を指すのか想像がつくとはいえ、それぞれの英語「cook」「allergy」「button」とかなりちがう。やがて、これらの言葉はオランダ語、ドイツ語、ポルトガル語などほかの言語が語源なので、英語に似ていても同じではないとぼくも気づいた。

日本語の「ビール」がオランダ語の「ビイル（bier）」、あるいは英語の「ビア（beer）」

（たとえば、「beer garden（ビアガーデン）」の「ビア」）に由来すると気づくには、もっと時間がかかった。

ぼくは複合語も面白いと思っていたが、日本人が外来語を日本語にくっつけて新しい言葉をつくることがあるのに気づいてさらに興味をひかれた。たとえば、「シャボン玉」は「石鹸＋泡」でスペイン語と日本語の合成、「満タン」は「満杯＋タンク」で日本語と英語の合成だ。ぼくが好きなのは「飲みニケーション」で、日本語の「飲む」と英単語「communication（コミュニケーション）」の後半をくっつけたものだ。英語で説明すると「人、とくに会社の同僚が、一緒に酒を飲んで互いに打ち解けること」となるところだろう（「飲みニケーション」という表現の方がぴったりだ）。

日本語になった外来語は原語の意味からずれていることが多い。英語の「cunning」は、「ずる賢い」という意味の形容詞だ。日本語では、「カンニングする」は「テストで不正行為をする」ことを指す動詞だ。この言葉ができた経緯はわかる気がするが、奇妙に感じる表現もある。花嫁が歩む祭壇への通路を最初に「ヴァージンロード（virgin road）」と呼んだ人は誰だろう？　明らかに、これこそ典型的な「和製英語」だ。

とても奇妙に聞こえる表現が「フライングスタート」だ。英語では「flying start」は見事なスタートで、ほかの人より巧みなスタートを切ったことを意味する。だから「フライングスタート」という名称の企業や、「フライングスタート」を約束する講座もある。ところが日本語では、それは失敗もしくは反則を犯したスタートなので、アスリートは失格になるか、少なくともスタートラインまで戻るよう求められる。

ぼくは日本で長く暮らしたので多くの意味でその影響を受けている。和製英語がすっかり身について、それが正しくない英語だったりする。たとえば、ぼくは「プラスアルファ(plus alpha)」は「少し余分に足すこと」だと思っていた。何年もそういう意味で日本で使われるのを聞いていたからだ。イギリスの人たちはぼくの言う意味がわからなかった。あるときなどは、「バスジャック(busjack)」事件について新聞に記事を書いたことすらある(編集者はこれを「bus hijacking」と修正した)。ぼくは「いまこの言葉がマイブームで」(「マイブーム」は和製英語)という表現を使わないように気をつけなくてはならなかった。イギリス人がぼくをおかしな奴だと思っていると気づいたからだ。

面白いことに、英語になった和製英語もある。「salaryman」は、日本企業の労働者(会社に忠誠をつくして長時間働くという意味合いがある）を指す。粘り気のある日本風のご飯に、やはり日本風のマイルドなカレーをかけた「curry rice」という料理もある。

日本にいる外国人の大半には、それぞれに好みの和製英語がある。ぼくは「ガッツポーズ（guts pose）」（スポーツ選手がカメラや観客に向かって得意げに決めるポーズ）が好きだ。英単語を使っていてイメージがわきやすい表現なのに、英語ではない。体重計を意味する「ヘルスメーター（health meter）」も面白い。一部の体重計が体脂肪を測定し、ボディマス指数（ＢＭＩ）を計算してくれる現代では、むしろこの言葉のほうが適切に思えるほどだ。ぼくのいちばんのお気に入りは「ペーパードライバー（paper driver）」（運転免許を持つが実際には運転しない人）かもしれない。日常生活でよく見かける現象をうまく表現している。

外来語や和製英語のせいで残念な思いをしたこともある。ある暑い夏の日、「サイダー」という缶入りの飲み物を見つけて、アップルサイダー（リンゴ酒）だろうと想像した。それがただの「ソーダ」だと気づいたぼくの落胆ぶりを想像してほしい。ずっとあとになって、ぼくは「デフレスパイラル」という表現に出会った。どういうわけかこの言葉を聞きちがえたらしく、しばらくそれを日本経済が陥っている「死のスパイラル（deathly spiral＝デスリースパイラル）」だと思っていた（いまでも、ぼくには「デフレスパイラル」は「デフレーショナリースパイラル（deflationary spiral）」より「デスリースパイラル」に聞こえる）。

ぼくは外来語や和製英語にはいつも注目しているが、それでも最近になって新発見が二つあった。夏によく使われるタオル地の薄い肌掛けを指す「タオルケット」という表現は、ある友人が二か月ほど前に使うまで聞いたことがなかった。「エール」は「声援をおくる」という意味だと知っていたが、それが英語の「yell（叫ぶ）」に由来すると知ったのもごく最近だ（「yell」は、声援をおくるスポーツファンより、怒りにまかせて叫んでいる人を思い起こさせる）。

この章を書くために日本の外来語について調べていたところ、ある「誤り」に気づいた。あるウェブサイトに「リュックサック（rucksack）」はドイツ語が語源とあったが、「rucksack」はもともと英語だとぼくは思っていた。もちろん、この語の発音と綴《つづ》りを見れば、それがドイツ語から英語に入ってきた言葉だとわかる。そこでいま、ぼくは一〇分でドイツ語を一〇〇語学べるかどうか考えているところだ。

「どこか」似ているもの

"Sort of" Equivalents

イギリスのことわざを借りれば、日本とイギリスを比較するのは「チョークとチーズ」を比較するようなものだ。外見は似ていても中身がまったくちがうので比較するのはとても難しい。自然のままのチョーク（白亜）は、細かくくずれるタイプの白いチーズに似ている……だが、口に入れてはいけない。

ところが日本とイギリスには、互いにちがってはいるけれども、似通った「文化的地位」を占めるものがある。奇妙に思えるかもしれないが、どこか日本を思わせるものがイギリスにいくつかあるので少しご紹介しよう。

日本にはサッカー漫画『キャプテン翼』のヒーローである**大空翼**がいる一方で、イギリスにはサッカー漫画『ロイ・オブ・ザ・ローヴァーズ』の主人公**ロイ・レイス**がいる。翼とちがってロイははじめから大人のプロサッカー選手だが、そのほかの点では翼と似通っている。ハンサムで、勇気があり、サッカーがうまい。「理想的なイギリス紳士」でもあり、ピッチの中でも外でも誠実で良識がある。イギリスの子どもたち（ぼくもだった）は彼のようになりたいと夢見たものだ。ロイは怪我をしていても大胆にプレーし、勝ち目のなさそうな試合でもチームを劇的な勝利に導く。

日本語の「**銭湯**」は英語では「public bath（公衆浴場）」に当たるが、イギリスにはすでに公衆浴場は存在しない（かつてはあった）。銭湯にいちばん文化的に近いのは、「パブリックハウス」、いわゆる「**パブ**」ではないだろうか。どちらの場合も、人びとはそこでくつろぎ、地元の人と知り合い、言葉を交わす。ときどき行く人もいれば、仕事帰りに毎日のように立ち寄る人もいる。日本人はただ体を洗うために銭湯に行くわけではないし（たいてい自宅でも用は足りる）、イギリス人もただ酒を飲むためにパブに行くわけではない（自宅でも飲める）。いつもと異なる環境と、気軽な交流を楽しむために行くのだ。

日本で暮らす外国人は、たいてい一度は**納豆**は好きかと尋ねられる。味見してみたらと納豆を差し出されることもある。外国人なら納豆を見ただけで拒絶反応を起こし、その味とねばねばした舌触りに嫌悪感を抱くと日本人は考えているようだ。そうかもしれない。だがイギリスには納豆はなくとも**マーマイト**がある。マーマイトは酵母エキスでできた、粘り気のある黒いペーストで、トーストに塗って食べる。独特のしょっぱい味を嫌う人は多い。大人より子どもが苦手とする食べ物だが、イギリスの大人でも嫌いで食べない人は多い。そこで、イギリス人も外国人にこの食べ物を食べさせてみたいと思うらしい。それ

チーズを捕まえるために命がけ。日本の祭りにどこか似ている？

が楽しいしとてもイギリスらしい食べ物なので、これを食べられるのがイギリス人だけかどうか知りたくなるのだ。

日本には活気にあふれた祭りがある。氏子たちが大木に乗って急斜面を滑り下りる**御柱**《おんばしら》や、裸（同然）の男たちが投げ入れられた護符をチームに分かれて奪い合う**裸祭り**などだ。ぼくはこの種の祭りは日本特有のものだと長いあいだ思っていた。ところがイングランドに戻ってから、まだ行ったことのないイギリスの地方に「どことなく似た」祭りがあることを知った。グロスターに**チーズ転がし祭り**というイベントがある。急斜面に大きな丸いチーズを転がして、人びとが駆け下りてチーズを捕まえようとする。とても危険な祭りで怪我人も出るが、非常に人気が高い。ダービーシャー州の**シュローヴタイド・フットボール**では、二つの町の住民がボールを数キロ先のゴールに運ぶ競争をする。迫力があって、なかなか荒っぽい。

だが、ささいな衝突が頻発するとはいえあからさまな暴力はない。それは娯楽、名誉、融和のための祭りなのだ。

日本文化を代表するものに**ドラえもん**がある。未来からやって来たネコ型ロボットだ。みんなが知っていて、大好きで、自分にもドラえもんのような友だちがいたらいいなと思う。ぼく世代のイギリス人は自分だけの**バグプス**が欲しい。バグプスはピンクと白の縞模様をして、いつも寝ぼけ眼《まなこ》をした魔法のネコだ。エミリーという女の子が飼っているネコだが、(寝ていないときは)彼だけが命を吹き込むことのできる人や動物の人形とほとんどの時間を過ごしている。みんなで壊れたものを直し、歌を歌い、お話をしてくれた(短いけれど楽しいテレビ番組で)。

日本の国技は**相撲**だ。イギリス人が大好きなスポーツはサッカーだが(イギリスが発祥の地だとイギリス人は考えている)、サッカーはもはや世界のスポーツだ。それでも、わが国にはまだ**クリケット**がある。このスポーツがのんびりして見えるのは、展開のあるプレーとプレーの合間がとても長いからだ。だからリアルタイムでなくハイライトで見るほうが面白い。高度な技巧を必要とするので、打者の打ち方や投手の球種を知っている人でないとその良さを十分に味わえない。イギリス発祥のスポーツだとはいえ、外国人（オーストラリア人やパキスタン人など）のほうがこのスポーツに長《た》けているようだ。少々強引だが、相撲とクリケットはこうした点で似ている。

『坊っちゃん』はぼくが好きな日本の小説だ。それは日本に行ってはじめて買った本で、二回以上読んだ唯一の日本の小説でもある。世の中が激変する時代に学校の先生になり、人生の荒波に負けまいと苦闘する若者が主人公の優れた中編喜劇小説だ。後日、キングズリー・エイミスの**『ラッキー・ジム』**を読んだとき、ぼくは『坊っちゃん』の話を何度も思い出した。『ラッキー・ジム』はジムという青年を主人公とする短編で、良質な喜劇小説の傑作だ。ジムは戦後のイギリスではじめて就職した大学で難しい立場に置かれた。何かと失敗の絶えない彼は事態をさらに悪化させてしまうのだが、それでも読者は彼に同情してしまう（坊っちゃんと同じだ）。ジムが故郷から遠く離れた場所で、好きでもない人びとに囲まれているからだ（これも坊っちゃんと同じ）。どちらも、自分の仕事を愛してはいない。

結局、日本とイギリスは「チョークとチーズ」ではない。チーズと豆腐だろうか？

Help! I Am Turning into a Trainspotter

助けて！　電車オタクになりそう

イギリスでは、鉄道オタクであることほど恥ずかしい趣味はない。人を小馬鹿にしたような「アノラック」というあだ名もあるほどだ。フードのついたアノラックは実用的だがダサく、鉄道ファンはいつもこれを着ているからだ。温かい飲み物（いやスープ？）の入った魔法瓶も常に持ち歩いているようだが、「魔法瓶」と呼ばれることはない。ぼくが大学に入学したとき、一部の年長の学生が「鉄道ファンクラブ」をつくって新入生に入会を勧めていた。それは悪い冗談だった。そんなクラブは実在しない。本気で入会を考えるほど愚かで「野暮な」新入生がいるか試そうというのだった。

ところが、ぼくに大きな問題が降りかかった。日本を旅するうちに鉄道の大ファンになってしまったのだ。ぼく自身は自分が鉄道オタクだとは思っていない。駅でエンジンの形式番号を書きとめたり、さまざまな列車の音を録音したりはしないから（それにアノラックも持っていない）。それでも、ぼくが鉄道オタクだと思ってしまう人の気持ちもわからなくはない。イギリスの友人たちが日本はどんな国かと尋ねると、ぼくはつい日本の鉄道はすばらしいと話しはじめる。列車の運行がとても正確な国だと説明するうちに、たいていみなの表情が曇ってくる。たまに「ああ、そうだよね、新幹線の話を聞いたことがある」

と答える人がいると、気づくとぼくは「日本の鉄道のいいところはそれだけじゃないんだ」と話している。

ドイツやオランダなど鉄道輸送システムが整っている国に生まれていたら、ぼくだってそれほど日本の鉄道に感激しなかったのではないかと思う。イギリスはかつて鉄道で世界を牽引していたのに（鉄道を発明したのはイギリス人だ）、この数十年で何とも情けない状況に陥ってしまった。この変化がぼくの一生のうちに起こったので、機能的な広域鉄道網のある暮らしがどんなものか知っているのに、もうイギリスではそれを経験できない。それが言葉にならないほどくやしい。だから日本を旅行すると、胸の中にわだかまっていたものが消えていく気がする。日本なら駅に行きさえすれば電車はみな運行中が当たり前だというのに、イギリスでは電車がみな走っているだろうかと心配しなくてはいけない。

ぼくは、イギリスの鉄道で経験したひどいできごとについて本を一冊書けそうだ（史上もっともつまらない本になるだろうが）。暑くても寒くても「線路上に落ち葉」があっても、「重要なメンテナンス」と称して電車は止まるし、運休にはっきりした理由のないことすらある（「線路上に落ち葉」と聞くと、電車で通勤するイギリス人は怒りに身を震わせる）。個人的には、親戚を訪ねることの多い休日にかぎって鉄道網全体が止まるのは腹立たしいかぎりだ。たとえば、ぼくが住むコルチェスターからロンドンへの電車は、二〇一六年のクリスマス直前という一二月二三日夜から新年の一月三日まで運休した。多くの友人が酒を飲みに集まる一〇日間というもの、ロンドンに行くのに電車を使えなかったのだ！

血圧が一〇mmHgほど上がることなくぼくがこの話をすることができるのは、たまたまその年のクリスマス休暇にイギリスにいなかったからだ。その年の年末年始には日本を旅していた。クリスマスの日には列車で姫路に行った。そこから東京に戻る前に神戸、奈良、京都に立ち寄った（有馬温泉と伏見稲荷をまわり、加古川近辺の古い友人数人を訪ねた）。その日は朝から晩までさまざまな鉄道会社が運行する十数本もの列車に乗ったが、話の種になるような不愉快な思いはただの一度も経験しなかった。列車はときおりかなり混んでいたが、それは信頼性が高く運賃は安いので大勢の人に選ばれるという証拠だ（もしぼくがイギリスの鉄道のスローガンを考えるとしたらこうだ。「信頼性が低く運賃は高い！」）。

ぼくはとくに阪急電鉄が好きだ。最初に日本に住んだときには、阪急電鉄の駅（神戸の六甲駅）が最寄りの駅だった。三宮と梅田（大阪）への電車はとても規則正しく速かった。

日帰りで京都に行っても一〇〇〇円ちょっとですんだ。あの電車のマルーン（えび茶）色はいまでも懐かしく思う。なぜか客車が鉄道旅の黄金時代を思わせた。住んでいた場所から海に向かって少し歩くとＪＲの駅があり、そこを過ぎたところに阪神電車の駅があって、そこからときどき電車で甲子園球場に行ったものだ。好みで選べる鉄道会社、競争、利便性があった。日本の列車は気ままな旅を可能にし、ぼくの人生を楽しくしてくれた。

ぼくは新幹線が嫌いというわけではない。それはすばらしい曲線美を持つ交通機関だが、それにばかり目を奪われるとほかの列車の良さが見えなくなる。たとえば、日本では一本の列車に乗ったままで二、三社の路線を長距離にわたって移動することができる。乗り換えなくていいし、運賃も割高にならない。一例をあげると、神戸で阪神電車に乗って、そのまま近鉄奈良駅で降りることができた。異なる鉄道会社間の連携は感嘆に値する。一方、イギリスでランカスターから湖水地方へ行こうとしたときのことだ。ペンリス駅での乗り換えに約一三分あるはずだったが、最初に乗ったヴァージン・トレインズの列車が途中で（明確な理由もなく）一五分も停止した。乗換駅に着いたときには、別の会社の乗継列車は二分間を待つことなく定刻通りに発車していた（次の列車までに一時間あった）。

このときのクリスマス休暇でぼくは、ＪＲの普通・快速列車しか乗れない格安の「青春18きっぷ」を使おうという変わった決心をしていた。この切符が使える長期休暇中だし、新幹線は混んでいるはずだったからだ。それに二〇年以上前の学生時代にした旅を再体験してみたかった。それは楽しい旅になった。車窓から外（富士山が見えた！）をながめ、少し調べ物をして、仕事もいくらか片づけ、弁当を食べ、しばらく睡眠を取って、コンピューターのバッテリーがなくなるまでＤＶＤも観た。迅速な旅にはならないと納得してからは、時間はあっと言う間に過ぎた。

前もって時刻表を調べたところ、京都を九時半に出れば、川崎に住む友人宅の最寄りの駅に一八時九分に着く予定になっていた。七本の列車を乗り継いで五〇六キロ以上を走破することになる（二三七〇円しかかからない）。目的地に着いたとき、時計の針はきっかり一八時九分を指していた。とてもうれしく感動してもいたので、プラットホームの時計の下でそばにいた人に写真を撮ってもらおうと思った。ところが、そんな写真があろうものなら、ぼくは永遠に鉄道オタクのレッテルを貼られると気づいたのだった。

イギリス人の見上げたマナー

Best of British Manners

日本人はマナーの良いことで知られ、イギリス人よりたいてい礼儀正しいと言っていいんじゃないかと思う。たとえば、歩くときに他人の視線を遮らないように気を配る。もし無理な場合には手を上げて詫びながら足早に歩いていく。レストランでレモンのスライスが添えられた料理が運ばれてきたとしよう。すると料理にレモンをかけていいかまわりの人に尋ね、それから片方の手でレモンを搾りながら、誰にも汁がかからないように空いたほうの手でレモンを覆う。この二つの例は日本では見かけてもイギリスでは見かけない、思いやりに満ちたマナーのほんの一部だ。

反対に、イギリスにいると好ましいと感じるが、日本で見かけない習慣もある。代表的なのが、車を運転する人の歩行者に対するマナーだ。イギリスでは白い縞模様の横断歩道はゼブラクロッシングと呼ばれ、それがいたるところにある。この歩道に歩行者が近づくだけで車は止まってくれるので、道路をわたることができる。ときには歩行者に気づいたときには車はもう止まれないこともあり、そんなとき運転手は手を振って詫びる。でも次の車はかならず止まってくれるので、せいぜい数秒待てばすむ。日本では事情がちがう。車が止まるのは信号が赤で「止まれ」になったときにほぼかぎられている。ときどき親切な運転手が止まってくれることがあるにしても、ぼくは東京ではたいてい車の列が途切れるまで待たなくてはならなかった。それなら、そもそも横断歩道が何のためにあるのかわからない。いずれにしても車が途切れるまで待つのなら横断歩道は必要ないはずだ。

イギリス人は、自分に損がなければとても「鷹揚《おうよう》」になる。ぼくはたまたま大きな駐車場の前に住んでいて、ほぼ毎日のように人びとが駐車券を他人に譲っているのを見かける。たいていの人は四時間分の駐車券を買うが、一時間で用が足りることも多い。そこで帰り際に残りの三時間分の券を入ってくる人に譲るのだ。なかには駐車券を買う機械まで走っていって、相手が新しい券を買うのを止めようとする人もいる。イギリス人は同じことを列車の乗車券でもする。一日乗車券というものがあるが、途中で不要になると人の目に入るようにわざわざ見えやすい場所に置いておく。本来、こうして券を他人に「譲渡」するのは許されないが、イギリスではよく見かけるし、人びとがそうするのを止めることはできないだろう。

イギリス人は列をつくる名人と言われる。あるコメディアンが「イギリス人は一人でも秩序正しく一人の列をつくる」といつか言っていた。イギリス人が列をつくる習慣には公平さに対する強い思い入れがあるようだ。たとえば、イギリス人は可能なかぎり一列に並ぶ。昨今あまり見かけなくなったが、二台の公衆電話があったとすると、イギリス人はたいていやって来た順に一列に並び、どちらかの電話が空くと先頭の人から使う。これがいちばん公平なやり方だが、多くの国では二列に並ぶ。列にかんするもう一つのマナーはスーパーマーケットで見られる。たくさん買い物をした人は、自分の後ろに並んでいる人の買い物を確かめる。そして二、三点しかカゴに入れていなければ、その人を先にレジに行かせることがある。最前列にいる人は先に精算をすませる権利があるのに、後ろの人に三分待たせるより自分が一分余計に待つという利他的な行動を取るのだ。

日本の歩行者が、イギリスの歩行者よりマナーの悪い点が一つある。日本人は下を向いて歩く人が多い。雨の中で傘を目の高さまで下げて下を向いて歩くこの習慣は以前から問題だった。ところが、現在では多くの人が「スマートフォン」などの小型機器を使うので、この問題は悪化している。日本で歩いていると、携帯画面を見ながらこちらにまっすぐ歩いてくる人を避けなくてはならないことがよくある。イギリスでもないことはないが、日本よりかなり珍しいだろう。こんなことをする日本人は叱ってやりたいところだが、かわりにぼくは坂本九の有名な歌のフレーズを口ずさむ（「上を向いて歩こう」）。残念ながら、この方法は効き目がない。画面を見ながら歩きまわるほど自分の世界にはまり込んでいる人は、歌詞に込められた控え目なヒントに気づかないのだ。

日本人もイギリス人も、誰かとぶつかると謝るという共通点がある。どちらの国でも、自分が悪くなくても本能的に詫びるようだ（ほかの国では、「気をつけて」と相手に注意をうながすほうが多い）。イギリス人はもう少し突っ込んだ謝り方をする場合がある。たとえば、「申し訳ないが、あなた、ぼくの足を踏んでいます」と言うのだ。昔はこんな言い方はおかしいと思ったものだが、さきごろパブにいた男性がたまたま不注意でぼくのビールグラスをつかんでひと口飲んだときのことだ。ぼくは思わずこう言っていた。「申し訳ないが、それはぼくのです（Sorry but I think that's mine）」。そう、ぼくもやはりイギリス人だった。

ジャパングロフィリア・カフェ

Japanglophilia Cafe

ニューヨークに暮らしていた何年も前のこと、ある友人に「きみの住む界隈《かいわい》にペルー・中華レストランがあるから行ってみないか」と誘われた。面白そうだし、すぐに行こうという話になった。いったいペルー・中華料理とはどんな料理なのか？　行ってみると、そこはとても広い場所で、一つの敷地に二軒のレストランがあるように思えた。奥が中華料理店で、手前がペルー料理店とか。だが、ちがった。それはペルー風の中華料理か、その逆のように、料理が融合（fusion）した「フュージョン・レストラン」だった。

それからというもの、ぼくはもっと風変わりな組み合わせは何だろうと考えるようになった。「今夜はレバノン・ガーナ料理がいいな」とか、「いいフランス・ネパール料理の店を知っているか」とか、そんなジョークを友人に言ったものだ。

ここまでお読みいただいたなら、きっとぼくがこの本にふさわしい新しい料理を考え出そうとしているとお気づきだろう。想像の世界で、日本・イギリス・フュージョンレストランをつくってみたいと思う。

まず、それは高級レストランではだめだ。いくらか庶民的でなくてはいけない。高級な寿司をビーフ・ウェリントンのような「上流階級」の料理と融合させる技を、ぼくは持ち合わせていない。でも、もっと大衆的な食べ物を組み合わせるアイデアなら湧いてきそうだ。場所は、風変わりなものを食べてみたいという人が大勢いる国際的な大都市がいい。日本料理がごくふつうの食べ物で、「このところよく日本料理を食べたから、今度は少し変わった日本料理がいい」と言う人がいるような場所だ。つまり、ロンドンのお洒落なエリアやニューヨークのブルックリンだろうか。

早起きする健康志向の人や、クラブで一夜過ごした朝帰りの人が、朝食を安く食べられるような店がいい。和風のトッピングをしたポリッジと緑茶の「朝食セット」はどうだろう。トッピングはときどき変えて、日本にあるけれどイギリスにないものを選ぶ。銀杏の実、クコの実、もみ海苔《のり》、乾燥納豆……。秋には「persimmon（柿）」の厚切りをトッピングする。でもぼくは、それを英語ではなく日本語で「**カキ**」と呼ぼう。そうすれば、客は和歌山から空輸したばかりのとても珍しい外国産の果物を食べていると実感するだろう。

正午近くになるとキッチンはフル稼働して、伝統的なイングリッシュ・フライド・ブレックファストの代わりに、「**ワフウ**・バブル・アンド・スクイーク」をブランチとして提供する。バブル・アンド・スクイークは、ジャガイモと野菜を炒めたイギリスに古くから伝わる料理だ。野菜はローストディナーの残り物を使うので、キャベツ、ニンジン、豆、芽キャベツなどが多い。いたって健康的というわけではないものの、栄養満点で腹持ちがいい（安く上がる）。ぼく個人はバブル・アンド・スクイークを好んだことはないが、それは中に入っている野菜が苦手だったからだ。ぼくのレストランでは、ごぼう、こごみ（クサソテツの若芽）、小松菜など日本の野菜を入れる。ジャガイモはふつうのもので良く、風味づけに日本のブルドックソースを添えてもいい（ブルドックソースはもともとイギリスのウスターソースに手を加えたものだから、このレストランにふさわしい）。

ランチのフィッシュ・アンド・チップスは、「**テンプラ**・フィッシュ・アンド・チップス」になる。魚のフライはイギリスのものより小ぶりにし、モルトビネガーと「**シオコショウ**」で軽く味付けする。チップスは「**レンコン**・チップス」にする（「炭水化物の多いイギリスのチップスに代わる健康的な東洋のチップス」とメニューに説明を加える）。イギリスの代表的な副菜であるマッシー・ピー（ゆでてつぶしたエンドウ豆）の代わりにオクラを出す。オクラは厳密には日本産ではないが、もし客に尋ねられたらウェイターは「日本でよく食べられている野菜です」と答える。間違っても、オクラの別名が「lady's fingers（貴婦人の指）」だという話はしない。マネジャー（ぼくのことだ！）が、この名前は変だし気味悪いと考えているから。

スコットランドに、マーズバー（チョコレートバー）の揚げ物が食べられるフィッシュ・アンド・チップスの店があるのは有名な話だ（珍しいことは申し添えておこう）。もちろん、これは健康に良くないが、試しに食べてみるのも一興だ。ほんのときたま少しだけ食べるのであれば問題なさそうだ。ぼくのレストランのシェフには、デザートに揚げポッキーを試してもらう。

お好み焼きのいいところは、ほとんど何でも入れられることだ。バブル・アンド・スクイークの日本版といったところか。ぼくのレストランではバブル・アンド・スクイークに日本の野菜を使い、お好み焼きにはブラックプディング（旨味のあるブラッドソーセージ）またはキッパー（薫製ニシン）などイギリスの食材を刻んで入れる。シェフはイギリス西部の出身者がいい。おいしいお好み焼きは西に限る、と日本暮らしで学んだからだ。ベニショウガは使わない。まずい上に人工的に見えるから。仮にレストランが失敗に終わっても、真っ赤で辛いショウガの千切りを料理に入れるのはだめだとみなに知ってもらえれば本望だ。

ぼくのレストランの「焼き鳥」はちょっと変わっている。ローストビーフとローストラムをひと口サイズに角切りして串に刺す。グレービーソースかミントソースをつけて供する。なぜそんなことをするのかと思うかもしれないが、食べやすい料理は好まれる。だから、焼き鳥スタイルはいい。

イギリスのビール（本物のエールビールのみ）のおつまみには、和風の一品を出す（枝豆、ゴーヤのチップス、サキイカなど）。日本酒はきりっと冷やして、生のカシューナッツとイギリスの海塩を添える。

この想像上のレストランの名前を考えるのは一苦労だった。最初は、イギリスと日本が「姉妹のような国」か「島国どうし」であることを想像できるような名称にしたいと思った（「トゥー・シスターズ」？「アイランド・キュイジーヌ」？）。だが、ようやく完璧で正確かつ正直な名称を思いついた。ぼくは、このレストランを「コンフュージョン（Confusion）」と呼ぼう。

集合名詞、大集合

A Collection of Collectives

イギリスの友人相手に知識をひけらかすとき、ぼくは日本語でものを数えるのがどんなに難しいかを話すことにしている。日本語にはものによって数え方が何十通りもあって、大型動物、小動物、人、薄いもの、本、魚、鳥、紙などみな数え方が異なると説明する。次に、箸の数え方は特別で、日本人でも若者にはそれを知らない人もいると言う。とどめに、ウサギは鳥と同じように数えることを伝える。友人たちは畏れ入り、「そんなに複雑な外国語をマスターしたきみは本当に賢いんだな」と感心する。

ちなみに、ぼくはものの数え方が日本語でもっとも難しいとは思わなかったし、むしろ日本人のものの分類法が面白いと感じた。それは日本文化にかんするささやかな洞察だった。それに、ものの数え方が日本語が無類に難しいという証拠とはぼくは思わない。なぜなら英語にも、日本語のものの数え方と同じかもっと複雑な概念があるから。人や動物などの集合体を指す「集合名詞」だ。

英語を学ぶ日本人には、二つの理由からこの集合名詞の勉強をお勧めしたい。第一に、それは英語を母語とする人をやり込めるチャンスになる。イギリス人で集合名詞をきちんと理解している人はきわめて少ないからだ。第二に、それは英語の豊かで興味深い側面だからだ。

人の群れや集団を指す集合名詞は、数が多い場合には「crowd」で少ない場合には「group」だ。「mob」は、その人びとが怒っているか問題を起こしていることを暗示する。「party」は、その人たちがかならずしも何かを楽しんでいるわけではなく、たいてい共通の目的意識を持っていることを意味する。

オオカミやイヌの群れには「pack」を使うことがあるが、この言葉はこれらの動物が狩りなどの共同作業をしていることを暗示する。面白いことに、「a pack of cards（一組のトランプ）」や「a pack of lies（嘘八百）」などとも言う（つまり、無生物や抽象的な概念にも集合名詞があるのだ）。

安全のために群れをなす生き物に「pack」は使わない。ヒツジや鳥の場合は「flock」、ウシやウマなら「herd」だ（ただし、馬具をつけて働くウマなら「team」になる）。魚の群れは「school」、クジラやイルカの群れなら「pod」を使う。

どの言葉が適切かわからないときは、たいてい一般的な「group」が選ばれる。集合名詞がはっきりしなければこれでもかまわないが（キリンなど）、「a group of cows（ウシの群れ)」と言うと恥をかくことになる。ウシの群れは「herd」だとたいていの人が知っているからだ。最近では、「a bunch of animals(動物の群れ)」や「a bunch of elephants(ゾウの群れ)」のように、なんにでも「bunch」を使う人がいる。ぼくはこの用法は好まないが、それは「bunch」に「房《ふさ》」という意味があるので、ついバナナやブドウを頭に思い描いてしまうからだ。

ぼくは自分が集合名詞の権威だと言いたいわけではない。この文章を書く前に確認しなくてはならなかった言葉もある。どうやらキリンの場合は「corps」で、シカには「bunch」を使うのが正しいようだ(ただし「herd」がより一般的)。

集合名詞にはさまざまな心象を与えるものがある。「ライオンの群れ(a pride of lions)」という表現は、この美しい生き物にふさわしい。ご存じのように、「pride」には一般に「誇り」の意味があるからだ。「カラスの群れ(a murder of crows)」もあの醜い鳥にお似合いだと感じるのは、「murder」が「殺人」を意味するからだろう。「ブヨの大群(a cloud of gnats)」が無数のブヨが集まっている光景を彷彿《ほうふつ》させるのは、「cloud」が一般に「雲」を指すからだ。「蚊《か》の大群(a scourge of mosquitoes)」の「scourge」には「災難」の意味があって面白い。アリの群れには「軍隊」を意味する「army」を使うが、これもぴったりだ。なんと言っても、アリはとても組織立っている。だがカエルの群れをなぜ「army」と言うのかはわからない。

ある集合体に二つ以上の集合名詞が使われることもよくある。たとえば、キリンの群れに「塔」を意味する「tower」を（このほうが「corps」より面白い）、クジラの群れに「社交」を意味する「gam」を使うこともある。最適な言葉は状況によって異なる。巣の中のアリを指す場合には、「植民地」の意味を持つ「colony」のほうが適切だろう。

イギリス人は、ときどき正しい集合名詞の知識を競うゲームをする。ぼくがかならず相手にする二つの質問はこうだ。ハゲタカの群れが屍肉《しにく》を漁《あさ》る様子をなんと言う？　何杯ものビールをアイルランド人はなんと表現する？

最初の質問の答えは「a wake of vultures」だ（「wake」には「お通夜」の意味がある）。二番目の質問の答えは「a rake of pints」で、このフレーズは庭の落ち葉をかき集める「熊手（rake）」にちなむ。どちらの表現も忘れがたくおかしみもある（最初の場合は、やや陰鬱なおかしみだ）。

読者の中には、ぼくが鵜を大好きなことをご存じの方もおられよう。そこで、ぼくの好きな集合名詞でこの章を締めくくろう。鵜の群れは、すばらしいことに「飲み込む」を意味する「gulp」だ。

Gulp!

The (Unexpected) Dividends of Thrift

節約の思わぬもうけ

「一ペニーの節約は一ペニーのもうけ」などと言われるが、たいていのイギリス人はお金を無駄遣いしている。ぼくは日本で暮らしていたあいだに、有益な節約法が自然と目に入り、日本人の驚くべき生活術についてイギリスの新聞に記事を書いたこともある。日本には、主婦が書いた節約本がたくさんあったのをよく覚えている。でもぼくが節約を実践しはじめたのはわずか二年前だ。止めてしまった節約術もあるが、ずっと続いているものもある。誰にでも役立つ技もあれば、とくにぼく（そしてぼくが住む場所）に合ったものもある。面白いことに、ぼくはただお金を節約できただけでなく興味深い教訓を学んだ。

必要ないものを買わない

とても当たり前のことなのだが、この習慣に慣れるのがいちばん難しかった。ぼくの弱みはシャツ、Tシャツ、靴下だ。もう着るものは十分あるのに、それでもときどき店を見てまわってしまい、気づけば「バーゲン品」を手にとっていた。だが少しずつこの悪しき習慣を断つことができた。いまでは、自分の信じがたいほど大量の手持ちの服をチェックし、以前買ったものを着るようになった。ほとんどの場合、これらの服はまだいい状態にある。何しろ、あまり同じものを何度も着ることはないというぼくなのだ。最近では、新品を買うより古いお気に入りの服を復活させるのが楽しい。今日ぼくが着ているのは、日韓共催の二〇〇二年ワールドカップを記念したかっこいいTシャツ。とてもレトロだ！（思い立って調べてみると、日本とベルギーが2－2で引き分けたのが一五年前の今日だった。この試合はよく覚えている）

〔節約分〕ぼくの場合は、たぶん一年で約五〇〇ポンド。

〔やる価値はあるか？〕もちろん、必要ないものを買わなければ出費は減る。おまけに、自分の持ち物を大切にするようにもなる。

天からお金が降ってくる

イギリスでは雨がよく降る。ぼくの家の庭には雨水槽がある。雨樋《あまどい》から流れおちる雨水をためておくための大きなタンクだ。乾燥した夏期には、タンクにたまった水を庭の植物や芝生にやるが、残りの九か月はこの水は庭には不要なのでタンクの中にたまったままになる。そこでこの水を水洗トイレに使おうと思いついた。毎朝、庭に出て大きなプラスチックボトル一〇本にタンクの水を入れる。六本が一階のトイレ用、四本が三階のトイレ用だ。この作業のために、毎朝コンピュータに向かって仕事をする前に数分なりとも庭に出るようになった。毎日ボトルを持って階段を上がるのもささやかな運動になる（運動してお金を稼いでいると考えるようにしている）。でもいちばん大切なのは、それが環境にいいということだ。ぼくが住んでいるのは、イギリスでも人口がかなり多い上に雨も少ない地域の一つだ。住民は水の消費を毎日二〇リットル減らすよう求められていて、ちょうどそれくらいの水をこれで節約できる。

〔節約分〕一年で約三〇ポンド。

〔やる価値はあるか？〕いや、経済的に見れば見合わない（でも雨が降ってもさほど嫌にならなくなる……）。

スーパーマーケット巡り

ぼくの家は、三〇分の散歩で三軒のスーパーマーケットを巡ることができる場所にある。散歩と仕事の休憩を兼ねて、ぼくはこのスーパーマーケット巡りを週に四回、午後六時くらいにする。夕方のこの時間帯には、賞味期限が切れかけた食品が安くなる。なるべく値引きされた食品を選ぶが、生鮮食料品は買いすぎないように注意する（食べ物を捨てるのは嫌いなので）。週に一度は野菜市場に行って、一週間分（ときには二週間分）の果物と野菜を何袋か買い込む。これは、たった数ポンドですむ。つまり、いちばん安い食べ物がいちばん健全なのだ。

〔節約分〕正確なところはわからない。だが平均的な人と比べて、一年で一〇〇〇ポンドは下らないだろう。

〔やる価値はあるか？〕ある。あなたに少しの時間とぼくと似たような環境があれば。

銀行の上前をはねる

ぼくのクレジットカードに数千ポンドの借金があると聞くとあなたは驚くかもしれない。でも実際には、銀行がお金を払ってくれているようなものだと聞けばきっと仰天するはずだ。ぼくがクレジットカードを手に入れたのはほぼ二年前のことで、二五ポンドの入会ボーナスがきっかけだった。最初の一八か月は無利子でもあった。大きな買い物をしたときはそのクレジットカードを使ったが、一八か月が終わるときに精算するつもりでいた。ところが、その期限が迫ってきたとき、別の銀行が借金を新たなクレジットカードに移すなら、そのクレジットカードとほぼ三年間の無利子期間を提供してくれるとわかった。注意しなくてはいけないのは、自分に支払えない額の借り入れをしたり、必要でもないものを買ったりするのにクレジットカードを使わないことだ。カードを持つ目的は、買う必要があるものの支払いを最大限先に延ばすことにある。この規則を守り、無利子期間が終わる前に借金を全額返済するのを忘れないことが大前提だ。たとえば、ぼくは二〇一六年に二回日本に行ったが、その旅費は二〇二〇年のはじめまでに支払い終えればいい。それまで、そのお金は利子がつく銀行の口座に預けてある。

〔節約分〕ぼくの場合は一年で約一〇〇ポンド。

〔やる価値はあるか?〕規則を守り、必要のない借金をしなければ効果はある（残念だが、日本の銀行に同じサービスはないだろう）。

ジムの会員権を最大限に利用する

たいていの人はジムに入会しても、めったに利用しない。ぼくはよくジムに行くが、行っても運動しないことがある。変に聞こえるかもしれないが、ただシャワーを浴びるためだけに通うことも多いのだ。これで少なくとも散歩になるし、ジムのお湯を使うので数ペンスの節約にもなる。ところが、「シャワーだけ」と思って出かけても、たいがい三〇分かそれ以上の運動をしようという気になる。こうしてお金に対してじつにシビアになることで、自分に運動させるのだ。それに、自宅の風呂場を掃除する回数が激減するという意外な効果もあった。

〔節約分〕ゼロ。それは現金の節約ではない。ジムの会員権はお湯の節約分より高いからだ。でも一か月に二二回通って一八回運動すれば、一か月に一〇回通って運動するより費用対効果は大きい。

〔やる価値はあるか?〕まあ、ビール腹を少し引っ込めてくれる。

イギリスの友人たちの中には、ぼくの節約術を笑う人もいる。そんなのはけち臭いし、

「金は使うためにある」と言う。そこでぼくは「機会費用」について説明する。ぼくはただお金を節約しているのではなく、いつどこでお金を使うかを選択しているのだ。たとえば、今夜はおいしいクラフトビールを飲もうと思う。でもその前に、まずジムでシャワーを浴びてこよう。

陪審員の体験

The Juror Experience

何かが少しちがっていたら、ぼくはいまごろ公務員になっていたかもしれない。大学の最終学年で公務員試験を受けて、筆記試験には合格した。ところがロンドンで二日間行われた面接で不合格になった。何がだめだったのだろうかとときおり考える。おそらく、理由の如何《いかん》を問わず刑事裁判には陪審が必要だと強硬に主張したからだろう。

面接官は、制度の維持に高いコストがかかるし、陪審が必要ない裁判もあると指摘した。とても長引く裁判もあり、そういう裁判のために一二人の一般市民を長期にわたって拘束するのは非現実的だとも述べた。また、たとえば金融詐欺《さぎ》など一部の犯罪はきわめて煩雑で一般人にはわかりにくく、正しい評決を下すのは難しいとも話した。ぼくは憤慨《ふんがい》のあまりことごとく反発した。どれほどコストがかかり、実行が困難で、陪審員を育てる労力が大きかろうと、陪審制は民主主義に欠かせない権利だ（義務でもある）と発言したのだった。

いまになって思うと、ぼくは少し意固地《いこじ》になっていたかもしれない。少なくとも組織犯罪など威嚇《いかく》が問題になりそうな裁判では陪審は必要ないと認めてもよかった。それでも面接では、陪審に代わるものなどないとかたくなに面接官に反論した。

こんなことを思い出したのは、先日はじめて陪審員の義務を果たしたからだ。それは興味深く学ぶことの多いプロセスで、自分が義務を果たしたことがうれしかった。ただしそのときはかならずしもタイミングがいいとは言えず、そのためにいくらか収入が減りはしたのだが。

公務員になる代わりに、ぼくは日本に留学した。日本の裁判には陪審制がないと聞いて驚くとともに懸念を持ったのを記憶している。もちろん、日本でも陪審制に似た裁判員制度が二〇〇九年にスタートした。だから、読者のみなさんの中にすでに裁判員を経験したという人はほとんどいないかもしれないが、あなたもいつか裁判員になるかもしれないのだ。

陪審員についてよく聞くのは、「とにかく待ち時間が多い」ということだ。これはとくにぼくの場合にはそうだった。まず、裁判の数に対して十分すぎるほどの人数が集められる。五つの裁判があるとすると、六〇人以上の陪審員候補が呼び出される。裁判もすぐには始まらない。陪審員が法廷に入る前に、裁判官は検察官と弁護人双方と十分に話し合う。あげくの果てに、裁判が取り止めになる場合すらある。

驚くことに、ぼくが呼び出しを受けた最初の週にそれが三度も起こった。最初のときは、検察官が容疑者を不起訴処分にした。二度目は、容疑者が直前になって有罪を認めた。三度目は、何が起きたのかわからなかった。陪審員が法廷に入って宣誓する間際になって、ただ「ご自宅に戻られて結構です」と告げられたのだ。

その三日間は、帰宅を許されるまで毎日四～六時間待った。長い待ち時間が日常茶飯事であるのは明らかだった。待合室には時間をつぶすためのジグソーパズル、ダーツボード、本などが置かれていたからだ。ぼくのグループはほぼ全員が気さくに話すし友好的だった。それに話す時間は十分にあった。みなこの地方のさまざまな地域出身で、千差万別の人生をおくってきた人びとだった（うち二人はぼくと同じ町の出身なので顔見知りだった）。

やがて、実際に裁判に参加することになった。法廷に一五人が入り、うち一二人が選ばれた。一般に、無作為に選ばれた三人がそこで退室していいと告げられる。ぼくたちのときは二人が「困難」を訴えて陪審員の義務を免除された。被告人を知っていたか、犯行現場のすぐ近くに住んでいたために噂を伝え聞いたなどの理由から判断に影響すると認められたようだ。

ぼくは自分が神経質になっていることに困惑した。自分たちが出す決定は重要であるにもかかわらず、経験不足ゆえに正しい選択ができないのではないかと不安だったのだ。実際には、制度全体がぼくたちを導くようにつくられている。裁判官は、ぼくたちが考慮すべき点、無視すべき点、評決の出し方など裁判の手順を正確に理解できるように一生懸命力を尽くしてくれた。検察官も弁護人も一般人にわかるような言葉遣いで話した。どの陪審員も目の前で起こっていることが理解できないと感じたり、混乱したりすることがなかった。

正直なところ、ぼくはほかの陪審員が自分ほど真剣でないように思えて少し心配していた。待合室ではたくさんのジョークが飛び交い、なかにはくだらないジョークもあった。待ち時間、休んだ仕事、裁判所まで出向く煩わしさなどについて文句を言う人が多かった。陪審員の義務をたいへんな迷惑と考えているらしい人もいた。でも裁判が始まるとすべてが一変した。誰もが法廷では注意深く人の話に耳を傾けたし、評決にいたる話し合いは真剣そのものだった。

こんなことを言うのも何だが、ぼくは傲慢《ごうまん》にもほかの陪審員より自分のほうが賢かったらどうしようと考えていた。最初の日の証拠調べで、被告人が無実であることを示す事実に気づいたのは自分だけだと思っていた。だがそれは杞憂《きゆう》だった。審理が終わって陪審員が評議に入ったとき、数人がただちに同じ問題を指摘したのだ。

ぼくはここで陪審員の体験について書いているが、裁判を見たことで逆の立場からものを見るようにもなった（今回の被告人はたまたまぼくと同年代で、陪審に審議されるのがはじめてだった）。

第一に、法廷の被告人席は絶対にすわりたくない場所だと改めて思った。それは一般人にとって恐ろしくて馴染みのない場所であるにもかかわらず、そこで起こることによってあまりにも多くが変わりうる。ぼくの目の前にいた被告人は何年も刑務所に入るか、その日に家に帰れるかの分かれ道に立っていた。

第二に、もしなんらかのトラブルに巻き込まれたら、できるかぎり早く弁護士を雇うべきだ。今回の被告人は警察の取調べを受ける前に弁護士を雇う権利を放棄していた。だが弁護士の助言があれば、この男性が重罪で起訴されずにすんだのは明らかだった。

いずれにしても、今回の体験でぼくが出したいちばん大事な結論は、なんらかの理由で裁判を受けることになったら、同胞の市民である陪審員に話を聞いてもらいたいということだった。今回、すべての陪審員がきちんとその義務を果たしたことにぼくは感動を覚えた。評議では、全員が発言してそれぞれに評決への道筋をつけるのに寄与した。話を自分中心に進めようという人は一人もいなかった（ぼくたちが選んだ陪審員長がいくらか場の仕切りをしたことを除いて）。ぼくが検討すべきだと考えた問題はすべて検討された。ぼくたちはかなり早い段階で結論に達していたが、正式に評決を下す前に、あらゆる証拠を適切に考慮したか、裁判官の指示にしたがったかを一点一点確認した。早く評議を終えて家に帰ろうと言う人は誰一人いなかった。ぼくたちは全員一致で評決にいたった。

ぼくたちのグループのうち何人かは二週間で三つの裁判に陪審員として出廷していた。一二人が七週間続くと予想される殺人事件の裁判に召喚された。一般に義務期間とされる二週間を終える前に陪審を免ぜられたぼくは幸運だったのだろう。でも同時に少しがっかりもした。陪審員の経験は自分が市民であるという感覚を与えてくれたし、自由で民主主義的な国に暮らしていることに対する感謝の念を新たにさせてくれた。もう一度陪審員に選ばれたら喜んで仕事を休むだろう。

ぼくが陪審員の義務を果たし終えたとき、たまたまイギリス史上最長の裁判が終わった。それはスコットランドで起こった非常に複雑な金融詐欺事件で、審理が二〇か月続き、陪審員は三二〇日にわたる証拠調べを見届けなくてはならなかった。こうした裁判は費用がかさんで破綻《はたん》しかねない。これほど裁判が長引くと、陪審員が病気になったり、義務を免ぜられたり、不適格と見なされたりする公算が高いからだ。このためあらゆる裁判に陪審制度が最適というわけではないという考えもいまだに根強い。それでも、この問題にかんするぼくの考えははっきりしている。

The “*yuru-kyara*” Challenge

「ゆるキャラ」への挑戦

長いあいだに、ぼくは日本で出会った「キャラクター」の写真をたくさん撮ってきた。キャラクターは奇妙であればあるほどいい。警視庁のマスコット「ピーポくん」はぼくのお気に入りで、少年の姿をした一種の愉快な妖精だ。これが面白いと感じたのは、ピーポくんは犯罪に立ち向かうにはまったく適していないように見えるからだ。仙台の「むすび丸」というキャラクターは頭が「おにぎり」で、伊達政宗公の三日月の兜をかぶっている。あの偉大な戦国武将がこれを見たらなんと思うだろう？　おにぎり武将なのだ！

ずっとあとになって、日本には変なキャラクターを意味する「ゆるキャラ」という言葉があり、こうしたキャラクターは一種の国民的ジョークで、一部のキャラクターが有名になったのはあまりに奇妙だったからだと知った。性別のない梨の妖精「ふなっしー」は日本の名キャラクターだ。九州の超かわいいクマのキャラクター「くまモン」はさまざまな商品に広く使われていて、彼（それ？）はいまや経済現象になっている。

ある意味、ゆるキャラ旋風はただのナンセンスだ。とはいえ、新しいキャラクターを生み出すには努力と想像力が必要だし、みなに認めてもらえるキャラクターをつくるには何か特別な才能、他人とちがうセンスが求められる。ぼくはこういうキャラクターを考え出す人がいることにいまだに困惑するが、その風変わりな斬新さには脱帽だ。こういうキャラクターを考えろと言われても、ぼくには何から始めていいかわからないと思った（ある本にそう書いた）のを覚えている。

でもその考えが気にかかり、少なくともぼくなりの日本のキャラクターをつくる努力くらいはしてみようと思い立った。まず、この考えを東京にいるアメリカ人の友人ラリーに伝えた。すると、偶然にも彼もキャラクターのアイデアを思いついたと言う。そのキャラクター「横ツナ」は、相撲の技を駆使して不正と闘うツナ（マグロ）の相撲取りだ。

ぼくはラリーの気のきいた言葉遊びに感心したのだが、それはいいキャラクターは何かしら意味のある名前を持つからだ。「ピーポくん」はどうやら「ピープル・アンド・ポリス（人々と警察）」の略のようだし、パトカーのサイレン音も思い起こさせる。彦根城のネコキャラクター「ひこにゃん」は、彦根の「ひこ」とネコの鳴き声「にゃん」を組み合わせている。ぼくも、自分のキャラクターは面白くてそれらしい名前を持つべきだと決心した。

「さて、紳士淑女のみなさま、本日お目にかけますキャラクターは……『イギ・リス』でございます！」

もちろんイギはリスだ。もっと詳しく言えば、日本に住むイギリス生まれのリスだ。イギはいろいろ気に食わないことに巡り合う。しょっちゅう苛立ってイギ（異議）を唱えているのは文化のちがいからだ。

ぼくは絵心がないので、イギの姿を言葉で説明しよう。重要なのは、それがイギリスに元からいた在来種のキタリスだということだ。残念なことに、スコットランドを除いて、キタリスは外来種のトウブハイイロリスにほぼ駆逐されかけている。イギリス人の多くは本物のキタリスを見たことはなくてもこのリスが好きだ。ぼくもふくめてイギリス人の多くはトウブハイイロリスを嫌っていて、「キノボリネズミ」と呼ぶ人すらいる。「リスは赤いのが本物だ！」と彼らは言う。だからイギは赤くて、ふわふわの尻尾と、毛に覆われた両耳を持つ。

でも彼はただのリスではなく、人間との雑種みたいなものだ。あとで詳しく説明するが、イギは言葉を話し、字を書くなど、ふつうのリスにはできないことをする（頬に木の実をいっぱい詰めるようなリス特有の仕草をしない）。つまり、イギは人間らしい特徴を持つ。

ときどき人間のように顔に不機嫌な表情を浮かべることがある。気に食わないことがあると眉をひそめるのだ。

イギは一目見てイギリス出身とわからなくてはいけない。最初ぼくは傘をもたせて山高帽をかぶらせようと思った。日本人が思い浮かべるイギリス紳士はそういう格好をしているから。とはいえ、イギリスではもう誰も山高帽をかぶらないし、イギリス人男性はめったに傘を持たない。そこで、イギにはユニオンジャック柄のハーフパンツをはかせるほうがシンプルでいいと考えた。ややダサいかもしれないが、ぼくが少年だった一九八〇年代にはこのハーフパンツが流行《はや》っていた。

もう、みなさんにはイギ・リスがじつはぼくの分身だとおわかりだろう。イギはぼくのキャラクター版で、ぼくの人格の一部でできている。偶然にも、幼いころ、ぼくのあだ名は「リス」だった。一〇代になると、ぼくの一家が住んでいた家は「リスの家」と名づけられた。だからぼくのキャラクターがリスなのはある種の「運命」にも思えた。バットマンは小さいころにコウモリが怖くてトラウマになり、スパイダーマンはクモに噛《か》まれ、ぼくは幼いころにリスの精神を与えられた。だからイギ・リスはぼくのスーパーヒーローバージョンでもあり、どこに行こうとちょっとした不都合を見つけてはそれと戦うのだ。

イギは賢く、少々怒りんぼうで、みなが反対しても自分の意見を通そうとする。たとえば信号で五分待たされたとすると、日本では歩行者がおろそかにされ、自動車があまりに優先されていると抗議する。まわりの人は彼を無視したり、「それが規則だ！」と言ったりするかもしれないが、イギは規則を変えるべきだと気色ばんで答えるだろう。

選挙になれば政治家に歩み寄って、メガホンで叫ぶのはうるさいし腹が立つから止めるよう要求する。日本の銀行に対しても猛然と怒りをあらわにするだろう。三時には店舗を閉め、週末に営業中の店舗がなく、ただの振込みや自分の口座からの引き出しにさえ手数料を取るというひどいサービスぶりだからだ。とまあ、こんな具合だ。

ときには、この口うるさい外国の齧歯類《げっしるい》に腹を立てる人もいて、おまえに日本を批判する権利があるのかと聞くかもしれない。ぼくに答えられるのは、イギは日本が嫌いだから文句を言っているのではないということだ。それどころか、その正反対だ。彼が文句を言うのは、日本と日本人を愛しているから、彼らのために状況を良くしたいからだ。たとえ鼻であしらわれて孤立しても、それくらいの犠牲は喜んで払うだろう。

ゆるキャラは可愛くなければいけないようだが、いまのところイギはあまり可愛くはない。それでも、たどたどしい日本語を話す愛らしさがある。日本語が母語ではないので、彼の小さなリスサイズの脳はときどき混乱する。何度ちがうと教えられても、まだ名詞の最後に「s」をつければ複数形になると思っている。イギの主張の熱心さとぎこちない日本語の落差にはおかしみがある。たとえば、イギは「政治家s　うるさくなく　する」キャンペーンを熱心に繰り広げる。

イギが複雑なテーマにかんする主張を盛り込んだポスターをつくると、それには「賛成　する　の　は　反対！」とある。やがて彼はこのフレーズをさらに短くしてプラカードにこう書く。「賛成：反対！」

イギに年齢はない。一度も誕生日を祝ったことがないから。自分は三月三二日生まれだと思っているが、生まれたときのことを覚えていないので確信はない。彼は大人だが老人ではない。イギリス国籍のオスだが、キャンペーン中は怒らせることになるのでそのことには触れないほうがいい。あなたは彼の論理的な議論に耳を傾けるべきで、国籍や性別にこだわるべきではないと彼は考えているからだ。

イギは変わり者で、愛らしくて、大胆だ。ぼくがつくるならこれが精一杯だ。彼はいっちょまえの「ゆるキャラ」になっただろうか?

社会に浸透するにつれて、ありふれたフレーズがもとの意味合いから大きく変わっていくのは面白いものだ。「マインド・ザ・ギャップ（Mind the gap）――すきまにご注意を」がいい例だ。この言い回しは、ロンドン市民にはすっかりおなじみになっている。ロンドンの地下鉄では、このフレーズが一部の駅でそれぞれ異なる録音音声で放送される。曲がったホームとまっすぐな車両のあいだにすきまができる場所があるので、安全のために注意を喚起するためのものだ。

ところが長いあいだに、それはロンドンという町の雰囲気の一部になった。一〇代のぼくには、それは「もうきみは大人なんだ」と言っているように聞こえた。なんたって、ロンドンに行ってチューブ（地下鉄）に乗るんだ！　海外で暮らすようになって休暇でロンドンに戻ってくると、それは「イギリスにおかえり」とぼくを迎えてくれた。そんな風に感じるのはぼくだけではない。利用客が、何だかとても楽しそうに放送の口真似をし合うのをよく見かける。それは、もはや社会現象だ。

そうなったのは、その声の主がいかにもイギリス人らしいアクセントでしゃべっていることもあるだろう。いちばん有名な音声が、録音機器をテストしていた技師のものだというのは鉄道ファンのあいだでは伝説になっている（上司がこれで十分とオーケーを出したそうだ）。いまこれを書いているぼくの頭の中では、あのいくらか取りすました声が聞こえている。

「マインド・ザ・ギャップ（Mind the gap）」というフレーズは、アメリカ人には耳慣れない表現だ。アメリカ人は、「mind」という単語を「注意する」とか「気をつける」とかいう意味で使うことはあまりない。日本でしばらく暮らしたあと、ぼくはこの言葉が素っ気ないほど短いことに気づいた（最後に「プリーズ（please）」をつけている駅もある）。

日本語で同じことを言ったら、「電車とホームのあいだが一部広く開いておりますので、電車をお降りの際にはお足元にご注意ください」とでもなるだろうか。丁寧語のオンパレードだ。

ちなみに、ロンドンの案内放送はけっしてぶっきらぼうなわけではない。一九七〇年代の地下鉄で使われていた録音技術ではなるべく短くする必要があった。いずれにしても、それは簡にして要を得ている。まさにロンドン住民の気質そのものだ。

「マインド・ザ・ギャップ」はいろいろな場面で使える。ヨークからロンドンに行こうとしている人がこの言葉をかけられたとしたら、それは「ロンドンっ子はわれわれ北部人とちがって不親切だよ」というような意味になる。あるいは、ロンドンの人がジョークを飛ばしたのに職場の同僚にぜんぜん受けなかったと友人にこぼしたら、友人はしたり顔で「だから、『マインド・ザ・ギャップ』だよね」と言うだろう。

少々説明が過ぎたかもしれないが、それも本書のタイトルについて読者のみなさんに想像力を働かせてもらえればと願ってのことだ。この言葉は日本とイギリスのちがいを強調するというより、ずっと広い意味を持つ。

真面目な章から軽快な章に突然変わってわけがわからないときは、「そうだ、『マインド・ザ・ギャップ』という言葉があったじゃないか」と思い出していただきたい。あるいは、本というより雑誌のコラムに向いていると思う章があったら……「きっと、それはその〈すきま〉から落ちたのだ」と考えてほしい。イギリス人、いや、ぼくのユーモアがさして面白くないと思ったら……そのわけはもうおわかりのはずだ。

こうして思いつくままに書いたものでも楽しんでいただければと願っている。コラムには締め切りがあったので、いいアイデアがあったと思っていても実際にはうまくいかなかった場合もある。ときには、心配になるほどささやかなアイデアがとてもいい結果になったこともあった。また数か月分のアイデアを前もってためたこともあった。あるとき締め切り日だというのに、アイデアがまったく浮かばず、空白の画面を前にしてぼんやりと何時間もすわっていたが、とうとう何か思いつくかもしれないと散歩に出た（そして公園でリスを見かけたとき、ぼくの頭が働きはじめた）。

この本を買ってくれた方々に感謝するし、さらに読んでくれた方々には二重にお礼を言いたい。この本を最後まで読まなかった方がいてもぼくは気にしないが、そんな人のためにこの本のポイントをかいつまんでお教えしよう。

日本とイギリスは似ている部分も異なる部分もある。どれほど鉄道について語ろうとも、ぼくは鉄道オタクではない。バグプスはすばらしい（放送はユーチューブで見られる。あなたが少しでもぼくに似ていれば、放送を見ている短い時間は子どもに戻れるだろう）。鵜は可愛い動物だから、首に縄をかけて働かせるべきではない。お金にとても細かいなどという変わった行動にも、突き詰めて考えればいい言い訳が見つかる。イギリス人はかなり変わっているが、そのことに気づいていない。日本は日本人が気づいていないところでじつに面白い。最後に、何か楽しいことを終わらせるとてもいい方法は手締めだ。「ヨーオ！」パパパン、パパパン……

コリン・ジョイス

二〇一七年一二月

訳者あとがき

本書の著者はイギリス人ジャーナリストのコリン・ジョイスさんで、約二〇年にわたって日本で暮らしたという経験の持ち主だ。その後、アメリカに数年住んだのちに母国のイギリスに戻った。『「ニッポン社会」入門』『「アメリカ社会」入門』『「イギリス社会」入門』(いずれもNHK出版刊)など、文化の異なる国で暮らした人ならではの著作が多数ある。

今回の『マインド・ザ・ギャップ! 日本とイギリスの〈すきま〉』では、イギリスと日本にかんするエピソードを繰り広げつつ、両国のあいだにある微妙なギャップ――〈すきま〉をあぶり出す。紹介されるエピソードは、クスリと笑いを誘うようなもの、日本が恋しいという気持ちがにじみ出るようなものから、そんな見方もあったのかと思わせるようなものまでさまざまだ。

日本人が日頃抱いている自国にまつわる思い込み(きっと何度も日本人から聞かされたのだろう)にかんする章があった。それを訳しながら、私にも思い当たることがいくつかあった。ふだん当たり前と思っていることでも、一歩後ろに引いてながめると当たり前ではなくなるのだ。「日本とイギリスは似ている」――私もそんな風に思っていた一人だった。というより、「日本人とイギリス人は似ている」と何となく思っていた。だがそれも旅先などで出会ったイギリスの方や、何年か仕事仲間だったあるイギリス人女性の印象で、根拠というほどのものはない。

著者が故郷のイギリスで日本について浴びせられる質問にも、思わず笑ってしまいそうなものがあった。海外で思わぬ質問をされて面食らった経験はどなたにもおありだろう。全体として面白おかしく読ませていただいたが、いろいろ考えるきっかけにもなった。

はじめて異国で暮らしたときの衝撃は大きい。挨拶の仕方から食事の作法まで頭を悩ませるものだ。ずいぶん昔のことでうろ覚えなのだが、アメリカの社会学者エヴェレット・ストーンクイストが書いた『マージナルマン（*The Marginal Man: A Study in Personality and Culture Conflict*）』という本があった。「マージナルマン」とは「文化と文化のはざまにいる人」というような意味合いだ。誰もが気軽に海外に出かけるような昨今では、そんな絵に描いたような「マージナルマン」はいないだろうし、そんなことを言われる時代でもなくなった。それでも、本書を読みながらやはり文化の溝は深いと感じた。だが、ちがいがあるからこそ驚いたり面白がったりできるのだし、お互いを尊重することにもつながるのだろう。

先日、コリンさんにお目にかかる機会があった。身長が約一九〇センチのコリンさんは、小柄な私にとってやはり見上げてしまうほど長身だった。日本で戸口や鴨居にしょっちゅう頭をぶつけたというのも納得だ。とても物腰が柔らかく話題も豊富な方で、楽しいひとときを過ごさせていただいた。またいつかお目にかかる機会があればうれしい。

最後に、日本を心から愛してくださり、この楽しくも教えられることの多い本を書いてくださった著者のコリンさんに改めて一日本人として感謝したい。また丁寧な編集をしてくださったNHK出版の鈴木渡氏ならびに宮川礼之氏にお礼申し上げる。そのほか刊行までにお世話になった数多くの方々に深謝する。

二〇一七年一二月

鍛原多恵子

校閲　円水社
　　　小林丈洋
DTP　㈱ノムラ
写真提供　amanaimages（49、60、130ページ）

コリン・ジョイス Colin Joyce

1970年、ロンドン東部のロムフォード生まれ。
オックスフォード大学で古代史と近代史を専攻。
92年来日し、高校の英語教師、『ニューズウィーク日本版』記者、
英紙『デイリーテレグラフ』東京特派員を経て、フリージャーナリストに。
07年に渡米し、10年帰国。
著書に『「ニッポン社会」入門』、『「アメリカ社会」入門』、
『「イギリス社会」入門』、『驚きの英国史』(NHK出版)、
『新「ニッポン社会」入門』(三賢社)など。

鍛原多惠子 かじはら・たえこ

翻訳家。米国フロリダ州ニューカレッジ卒業(哲学・人類学専攻)。
訳書にコーキン『ぼくは物覚えが悪い』(早川書房)、
ウルフ『フンボルトの冒険』、
プレストン『猿神のロスト・シティ』(NHK出版)など。

NHK出版新書 542

マインド・ザ・ギャップ!
日本とイギリスの〈すきま〉

2018(平成30)年1月10日　第1刷発行

著者　コリン・ジョイス
訳者　鍛原多惠子

発行者　森永公紀

発行所　NHK出版
〒150-8081東京都渋谷区宇田川町41-1
電話 (0570) 002-247 (編集) (0570) 000-321(注文)
http://www.nhk-book.co.jp (ホームページ)
振替 00110-1-49701

ブックデザイン　albireo

印刷　壮光舎印刷・近代美術

製本　ブックアート

Printed in Japan ISBN978-4-14-088542-0 C0236